モノを捨てよ
世界へ出よう

高城 剛

はじめに

PROLOGUE

久しぶりに日本に帰ってきて思うことは、その度に強まる閉塞感だ。

日本の新聞を読んでみると、枝野経済産業大臣が、日本の未来展望について「破滅への道を進んでいる。企業は設備投資を抑えてコストを減らす。家計は収入が減り、消費を控えて貯蓄に回すという『やせ我慢の経済』だ。このままでは貿易赤字国となり、財政も（危機に陥った）ギリシャがひとごとではなくなる」と話している。一国の産業大臣がこのようなことを話しているのに、あまり大きなニュースにならないのもすごいと思う。それほど、日本の現状は「まひ」し、現実感がない。

それもそのはず、２０１１年3月11日に突如襲った東日本大震災、そしていまも放射能を放出し続ける福島第一原子力発電所の事故は、まるで「なかったこと」のような日常が、いまの日本にはある。

ドイツをはじめ、他国のメディアが半年以上経ったいまも福島第一原発事故後の進捗を報じているのに対し、日本のメディアで記事を見ることはほとんどなくなった。

しかし実際、事故はいまもなお収束していないのは事実である。

この日本のお家芸とも言える「なかったこと」にする力は、他国に類をみない。

どんなに大きな問題が起きても、のど元過ぎれば「なかったこと」にし、問題の抜本的解決に至ることがないのは、多くの日本人が変化を拒む気持ちの表れなんだと僕は感じる。

しかし、このままで平穏に日々が過ぎるとはとても思えない。昨年露呈した大王製紙やオリンパスの問題は、企業統治と株式公開企業の在り方に疑問を投げかけるものだったが、それ以前に株式公開企業とは思えない杜撰《ずさん》さは、日本の「なかったこと」にする力によるものなのだろう。いかに上場していようが、いかに大手監査法人がついていようが、関係ない。全員でどんなに大きな問題でも「なかったこと」に力を貸しているのである。

日本という村は、平穏でなくてはならない。誰が決めたのか知らないが、そのような共同幻想にほとんどの日本人がとらわれている。しかし実際、それは事実ではない。国際社会は急速に大きく変化し、新興国は次々と大きな力をつけ、結果的に日本の富を奪っている。

本書は、閉ざされて変わることを拒んだ日本の現状を書いた『「ひきこもり国家」日本』（２００７年宝島社刊）、インターネットによる情報移動と比例するように人々の移動する未来と手法を書いた『70円で飛行機に乗る方法』（２００８年宝島社刊）の続編である。

僕は、いまの時代を１８６０年代の社会フレームに、１９３０年代の経済フレームが乗っていると考えている。１８６０年代は、アメリカは南北戦争を経て今日の姿になり、日本は、江戸末期から明治維新へと動くときである。その江戸末期、黒船によって世界の中の日本を考えはじめ、あたらしい日本を作るために、多くの者たちは洋行した。幕末の志士たちは、この時代、どんな思いを馳せて脱藩したのだろうか？

現代の日本社会は「なかったこと」を悪徳ではなく、むしろ美徳とし、大きな変化を拒んでいる。その姿は、まさに江戸末期に近い。そして実際、多くの国民も長年培ってきた価値観を変えることは、そう簡単ではない。それは、身近にある「しがらみ」のせいでもあるだろう。社会も変わらず、個人や身近な関係さえも変えるのが難しいなら、短期でもいいから「引っ越す」ことを、僕は勧める。「社会」や「場」や「しがらみ」からの脱却。短期でも長期でも、社会に起きる大きな変革の少し前に、自身の立て直しを図るべきだ。そのためには、「海外へ行く」というだけではなく、「日本式システム」から脱却し、自分も日本も世界も、もう一度自分の目で冷静に見直してみることがカギになるだろう。

本書が、そのような想いを持つ人たちの手助けとなれば幸いである。

CONTENTS

CHAPTER

2

海を越えた先に待つすばらしき世界

CHAPTER 3

海を渡るのはとにかくカンタンだ！

CHAPTER
4
高城剛的　オススメ海外スポット

CHAPTER 5

洋行経験者が日本を変える

あとがき

EPILOGUE

CHAPTER

1

沈む国 ニッポン

TSUYOSHI TAKASHIRO

ISSUE!

甚大な被害の3・11、それ以降日本は復活したのか？

日本の危機は、思いもかけなかったところからもたらされた。

２０１１年3月11日、東日本大震災。巨大地震と大津波は東日本の広範囲にわたって甚大な被害をもたらし、国民の安全から経済活動まで、あらゆるものを喪失させた。さらには、福島第一原発のメルトダウンも引き起こされ、大量の放射能が地球上にばら撒かれた。この日本で、今後数十年にわたって人が住み着くことのできない汚染地域が出現、農作物や魚介類の放射能汚染による内部被曝という恐怖が蔓延し、さらには世界中から厳しい視線が注がれることとなった。悪いことに、本書が刊行する現在においても事態は収束されておらず、放射性物質を世界へと放ち続けている。

僕が改めていうまでもなく、この悪夢は世界中の人々が知る事実であり、読者諸君も周知のことだろう。

それではあの大震災から1年近く経った現在、日本はどうなっただろうか。

わずかでも放射性物質を吸い込むまいと高性能なマスクをつけた人は見かけなくなったし、ネット上で品薄が続いていたガイガーカウンターも購入できるようになってきた。百貨店をはじめとするあらゆる販売業は、震災で急速に落ち込んだ売上をわずか数ヶ月で平年並みに持ち直した。被災地では多くの企業が倒産したり廃業の憂き目にあったが、心配されていたほどの中小企業の連鎖倒産は起こらず、これまでと何ら変わらない日常を送るサラリーマンも多いことだろう。

それはあたかも、震災前の日本に戻ったかのようだ。人によっては、「日本は着実に復興を遂げている」と信じる者もいるだろう。

だが僕は言いたい。**果たして、本当に復興しているのだろうか。ただ、「なかったこと」にしたいだけなのではないだろうか。**

放射能はいまもなお福島第一原発から放出され続けており、一年近くが経過した最近でも、あらゆる地域で汚染が確認されている。また、小売市場で売上が持ち直したことも単なる反動であり、バブル崩壊以降に「失われた○年」と呼ばれ続けてきた経済の停滞は、その年数をいまなお更新し続けている。震災からの復興には巨額の財政支出が不可欠で、ただでさえ後進国と同列に置かれている日本の国債は、一層不安定になることだろう。

震災前から存在していた問題も、なにか解決しただろうか。制度崩壊も疑われている年金問題やいまだ脱する気配のない雇用不安、世界の先陣を切って突入した少子高齢化、そして世界トップクラスをひた走る赤字財政。国民がわずかな期待を託していたであろう政権交代も、政治不信をますます深める結果となった。

なんのことはない、日本は復興どころか、一層激しく破滅への道をたどり続けているのだ。

東日本大震災によってそのスピードが確実に速まったのにもかかわらず、いまが平穏な日常に戻ったかのように見えているとしたら、僕は非常に危険だと思う。「ただちに影響がない」からとあきらめてしまったか、国民がそう思うように仕向けた既得権益者の術数にはまってしまったかのどちらかだ。

僕が日頃、海の向こう側で過ごしていて感じるのは、日本は海外から「年老いて考えが鈍くなったお金持ちの老人」のように受け止められているということだ。蓄えのあるうちは安全で人間的な生活を送ることができるが、財産が無限にあるわけではないし、老化による不具合は、本人が想像している以上に速く進行していくだろう。ちょっとつまずいただけが、致命的なダメージになってしまうことだってあるだろう。さらにいえば、もう老人どころではなく、「ゾンビ国家」になってしまっているのではないかとさえ感じている。

僕は常々思っているが、我々は自分たちが暮らしているこの国のことを、あまりにも知らなすぎているのではないだろうか。いまどれくらいの危機が訪れているのか。

まずは知ることが大事なのだと思う。**そして一度この国を出てみる必要があると考えている。**

本書では、一度日本を抜け出し、世界を俯瞰《ふかん》的に見渡して、これからの時代を生き抜くための方策を示していく。そのためにはまず、日本の問題点を洗い出してみたいと思う。「なかったこと」にして目を背けてしまいがちな問題点としっかりと向き合い、直視すれば、「なぜいま、行動に移さなければならないのか?」が自然とわかってくるはずだからだ。

ISSUE1

【日本の問題点①】絶望的に遅い日本の政治システム

震災によって顕著になったのは、戦後に構築された日本の政治システムの限界だと僕は考えている。

２００６年に著した『「ひきこもり国家」日本』でも書いたが、バブル崩壊以降、世界の各国がグローバリゼーションの渦中へとシフトしていった中で、日本はただ一国だけひきこもっていた。世の中の変化に対するスピード感の欠如は、国際社会の中での凋落という当然の結果を呼び込んだ。そのことを肌身に感じる読者も、少なくないと思う。

さらには、終身雇用制度が崩壊したいまの世においても、年功序列や学歴偏重といった歪《いびつ》な仕組みだけは残っているし、問題が起きても誰が悪いのかわからないという、責任の所在の不明確さも相変わらずだ。こうした「日本らしさ」がさまざまな意思決定を先延ばしにして、イノベーションの機運を根元から削いでいる。**その典型が「官僚システム」だろう。与えられた業務をそつなくこなし、減点する機会を避け続けるほど、出世して儲かる仕組みになっている。**こんなの、誰が考えたっておかしいとは思わないだろうか。

このような官僚システムに支えられた日本の政治は、安全で平和な環境のもと、緩やかな成長が続く環境の中で完成された「ぬるま湯」のシステムだ。高度経済成長期を走り抜けた時代においては、突出した人材のもとで変革を図るよりも、みなが横並びになってそこそこの能力を発揮するということが、それなりに意味があったのだと思う。しかし、政治も経済も、すべてが世界と密接にリンクした現在においては、そのような組織が通用するはずはない。

ましてやいまは、1000年に1度の超大型地震に見舞われたという国家の一大事だ。

絶望的にスピードが遅く、誰も明確に責任を取ろうとしない日本のシステムのもとで、被災地の被害状況の確認や放射能の現状把握などを、どうして確実に行うことができるだろうか。こうした危機的状況にあって求められるのは、迅速に信頼性のある情報を提供することだが、**現在の日本の政治システムには「迅速性」も「信頼性」もないのだ。**

東日本大震災による壊滅的な被害が、日本の政治システムの問題点を改めて浮き彫りにしたと思う。しかし、見逃してはならないのは、だからといってこの震災を契機に日本の政治システムが改善されるかといえば、そのようなことはないということだ。

西欧列強に危機感を覚えて江戸幕府を打倒した明治維新も、第二次世界大戦の敗北後に新たなシステムを築いたGHQ管理下の時代も、まっさらな国土の上にまっさらな政治システムをつくり上げることができた。しかし東日本大震災は、国土に大きな被害を残しながらも、政治システムをなくすことはなかった。戦後に匹敵する状況下からの復興を、ぬるま湯育ちのシステムで担わなければならないのだ。

いま思えば、バブル経済が崩壊し、ほどなくしてアジアに通貨危機が訪れていたとき、日本もIMFの管理下に置かれていれば、世界基準の政治システムに刷新することができていたかもしれない。外部からの干渉を拒否するのは国家として当然といえるが、日本が自ら政治システムを更新し、自浄できるかといえば、残念ながらNOという結果が出てしまっている。

つまり、日本という国が変化するには、外からの圧力というきっかけが必要なのだ。

長い年月をかけ、ぶくぶくと図体ばかりが太ったこのシステムは、ほとんど機能しない上に金食い虫だ。世代交代もせずにシステムの恩恵にあずかってきた施政者や権益者は、とにかくシステムの延命にやっきになっている。そして、増税とさらなる国債発行へと向かっている。このシステム自体に自浄作業が見込めないのだから、大きくなりすぎた図体は、いつか突然地面へと倒れこむしかない。

そんなシステムに税金という餌を必死に与え続けていた善良な国民の多くは、その巨躯の倒壊に巻き込まれてしまうだろう。

ISSUE!

【日本の問題点②】急激な円高、経済基盤の脆さ

続いての問題は、経済基盤の脆さについてだ。

僕が初めてニューヨークへ行ったときのドルの円相場は160円程度だったが、いまや相場はその1／2以下となってしまった。対ドルの円相場は戦後最高値を更新し、本著執筆時（2011年12月）でも高止まりしたままだ。円高による悪影響を回避するために、すでに多くの大企業が海外へと事業基盤を移転したが、これにより国内産業の空洞化と失業率の増加を招いてしまった。海外移転を視野に入れられない中小企業は、ただひたすら円高の悪夢に耐えるほかない。そして、この円高の根幹にあるのは一方的なドル安であるので、日本で対策を打てる領域は小さい。また、責任をあいまいにしたい政治システムが機能して、誰も積極的に円高を是正しようとすることもない。

現在、安全資産として日本円が買われる傾向にあるが、それは世界を取り巻く状況に不安要素が相対的に多いためであって、いまの円相場が日本の財政状況を的確に反映したものであるとは、誰も思っていない。それは、読者諸君も実感していることだと思う。日本国債は、２０１１年に**大手格付け会社スタンダード＆プアーズから8年9ヶ月ぶりの格下げをされ、後進国と同じ位に列せられているくらいだ。**正気を取り戻した投資家がその事実を再確認したとき、タイミングを計ったように突如として円安が進むはずだ。

むしろ怖いのは、その急激な円安のほうだ。日本はエネルギーや食料の多くを海外に頼っているが、それらの調達コストが跳ね上がると、国民の生活に直結して大打撃をもたらすだろう。衣食住という、生活の根幹にあるものに窮するようになれば、社会は荒れ、治安は悪化し、経済はますます弱り、後戻りのできない状況に陥ってしまうかもしれない。

アメリカの一部支配層には、社会情勢が安定しているいまのうちに財政破綻に持ち込んだほうがいいのではないかと考える者もいる。僕自身、海外の政府要人やジャーナリストたちと直接会話する中で、そうした考えに触れることが何度もあった。日本の政治家や官僚は、実際にそのような動きが明確な外圧としてのしかかってくれば、反骨精神を見せつけるわけでもなく、素直に流れに乗ってしまうかもしれない。「国債暴落も円安も財政破綻も、世界情勢のもとでは仕方のないことだったのだ」と、責任を負わずに済むからだ。

日本の経済基盤は、実に脆いものだと僕は考えている。

ISSUE!

【日本の問題点③】自浄作用を失ったマスメディア

自己保身に走り、自浄作用を失った古いシステムという点で共通するのが、日本のマスメディアだ。

本来のマスメディアは、時の権力を厳しく監視し、国民の声を映し出す役割を担うべきものとされている。しかし、電波利権に毒され、ミスを回避して年功序列的に出世した幹部たちは、官僚システム同様に、責任の所在をなるべくあやふやにしようという姿勢を生み出してきた。御用学者だろうが誰だろうが、ともかく専門家に言葉を喋《しゃべ》らせれば正しいという姿勢であり、自らの責任を負って発言をしようとする者は少ない。誰も責任を負いたくないから、テレビ番組のプロデューサーは自分の番組で独自取材をすることは避け、どこの局でも流れているような映像を使い回し、専門家に見せて感想を喋らせれば番組が成立すると考えている。**新聞も同じだが、「～波紋を呼びそうだ」「～とみられる」というように、誰が主語なのかわからない文脈によって、あたかも既定事実であるかのような報道がなされている。**まず海外では見られないスタンスだ。

特にテレビは、一刻も早くそうしたシステムから解放されるべきだ。以前と比べてマスとしての発言力に陰りが見えはじめているとはいえ、映像というツールで視聴者の心に訴えかけることのできるテレビは、いまでも強い影響力を保持しているからだ。

しかし、テレビの住人たちは何千人もの国民が参加した反原発デモよりも、ＡＫＢ48や韓流アイドルの芸能ニュースのほうが話題になると考えている。国民の知りたいと思うことを提供するのがマスメディアの役割だと思うが、**ＡＫＢ48や韓流アイドル**

のほうが国民の関心は高いとでも思っているのだろうか？ それは、きっと違うだろう。もし、ＡＫＢ48や韓流アイドルが反原発を声高に叫ぶようになれば、テレビへの露出は減っていくことだろう。反原発というセンシティブな問題は、対岸の出来事として伝えることはできても、それを放送することが少しでも局の責任になりそうなら、彼らはきっと回避しようとするからだ。

よく、政治や官僚からの圧力がかかっているのではないかと懸念する見方もあるが、そのようなことはなく、ただテレビ局が保身のために自主規制しているに過ぎない。いわゆる情報の談合のようなものだ。真実を伝えることよりも空気を読むことを大事にするという日本人独特の美徳であり、世界では批判されがちなメンタリティーを見事に体現している。僕たち日本人が、マスメディアにそうした空気感を望んでいるわけではないはずだ。事象をありのままに伝え、ちょっと先の未来に最良の道を選択できるよう材料を提供してくれることこそ、求めているはずだ。

インターネットは新しいメディアツールとして成立しつつあるが、まだまだ力不足だし、自分の好みの世界に埋没しやすいことから、マスとしての伝達力はテレビにかなわない。日本の政治システムによって虐げられ、大きな不満を持つ若者は、ツイッターやフェースブックという世界の中で不満を爆発させているが、それが現実の世界へと現れなければあまり意味はないだろう。いまのところ、ただのガス抜きツールになってしまっているのではないだろうか。**一時期、一世を風靡した「スローライフ」や「リラックス」などのキーワードは、大人のゆとり教育と言ってもいい象徴的な言葉で、政治システムにかしずく盲目的な従者を増やすための結果に終わってしまった。**

政治システムを変えるには、マスメディアが変わらないといけない。そうでなければ、誰が総理大臣になろうが、どこが政権与党を獲得しようが、テレビに映るコメンテーターのもっともらしく聞こえて、実は無責任な批判によって、支持率を落としていくだろう。そしてなんの進展もなく、「失われた○年」を更新させていく。

まず私たち日本人は、日本の政治システムが限界にきていることと、それを是正すべきマスメディアが機能していないことを理解するべきだろうと思う。そして、少しでも現状を改善していくためにも、声を出していかなければならない。

また、今日の日本のマスメディアに対しては、「ショックドクトリン」と呼ばれる危険性をはらんでいることにも注意が必要だ。

「ショックドクトリン」とは災害資本主義と呼ばれるもので、カナダ人ジャーナリストのナオミ・クラインが著書の中で提唱したものだ。大きな災害を被った後に**「安全はただではない」「いつ災害が起こるかわからない」という危機意識を煽《あお》り、極端な税率変更を押し通そうとしたり、どさくさに紛れて都合のいい法案を成立させようという動きが加速するというのだ。**海外からも、表向きは温かな支援のように見えながら、資源などの権益簒奪《さんだつ》を本心とするアプローチもあるだろう。

9・11直後のメディアの研究を続けているアメリカの言語学者・思想家であるノーム・チョムスキーも、著書『メディア・コントロール』の中で、災害時には政府やメディア、知識人などが一体となって世論の合意を形成しようとする傾向があると指摘している。一定の思想を良しとし、それに反対したり従わない人を許さず、時には敵として認識するようなムードが社会全体を覆っていく。実際、９・11以後のアメリカではテロに加担した国や組織への武力の行使を正当な権利だと主張する世論が形成され、戦争反対者は非国民として叩かれた。チョムスキーは現代社会のメディアの根幹が特定の政治的・宗教的価値観を植えつけ、盲目的に信じさせようという「教化システム」にあると喝破している。

日本でも、まったく同じことが起こっている。マスメディアが伝えることを盲目的に信じることで、理想的な社会に近づくことができたり、不満や不安が解消されたりしただろうか。バブル崩壊によって失われた経済成長は、再び上向くことができただろうか。

震災があった以後、そのひどさはさらに増した。「ショックドクトリン」では、「ひとりひとりができること」を押し付け、「なにかに協力しなければならない」と国民に信じこませることで、世論を一定の思想へと合意させていくと説いている。同時に、情報統制は強まり、政治の世界では強制力を増していくという。これはまさに全体主義の前段階であり、考えの多様性を認めない時代の到来を予感させるものだ。

いまの日本のマスメディアはどうだろうか。**「できることをやろう」という空気感を作り出そうとしてはいないだろうか。その空気になじめない者を、異端視していないだろうか。**

日本の古いシステムにおかれた権益者たちは、空気を読むことに長け、さらには空気自体も生み出そうとしている。そしてその空気で満たされた空間は、彼らにとってもっとも心地よいものだ。

東日本大震災という巨大なショックを受けたいま、マスメディアは同じシステムを持つ政治と結託した。政府は震災や財政問題を喧伝して増税を進め、メディアは自らの教化システムを使って国民が自ら賛同するよう促していく。責任を回避するため、原発問題については先送りを徹底する。国民は「仕方がない」と納得するよう仕向けられ、果たして古い政治システムは存命していく。

改めていうが、これが正しいものだとは僕には到底思えないのだ。

ISSUE!

問題だらけの日本、では日本に生きる我々はどうサヴァイブするべきか

この他にも日本の問題点はいくつもあるが、この政治、経済、情報の3点だけでも、日本の未来は明るくないと予感させられる。

さらに21世紀に入ってからは太平洋プレートが活発化し、極端に大きな地震が起こるようになった。再び、あのような巨大地震が起こるとも限らず、ここ数年は万全の注意を払って警戒していかなければならないだろう。日本は地震頻発国であり、天災である以上、可能な限りの対策と、起こったあとは迅速な復興に尽力するほかない。

しかし、原発事故は起こるべくして起こってしまった人災だ。立地上、構造上の問題を抱えていたにもかかわらず、この地震の多い日本であのような原発を稼働させたままにしていたのは人為的な判断ミスだ。

世界へ撒き散らされた放射能汚染の被害も、果たしてどれほどになるのか。政府は過敏な反応を避けるべく情報を小出しにして、情報公開を進めているというが、世界各国はそうは見ていない。日本政府は重大な情報を隠匿していると考えているし、そのように報じる主要メディアも多い。原発問題によって長年培ってきた日本ブランドに対する信頼性は著しく損なわれており、経済でも製造業でも観光業でも、あらゆる分野へ悪影響を及ぼしかねない。これは日本を出て海外へ渡ればすぐに実感できることで、世界各国を回っている僕の率直な感想でもある。

見逃せないのは、こうした問題を受けて、すでに日本は終わったと感じている人も海外には多いという事実だ。彼らにとっての日本への興味は、年寄りが蓄えた資産をどうやって絞りとるかだけに尽きる。かつての都にはまだ宝は残されており、ハゲタカと呼ばれる精鋭たちが奪取するための手練手管を練っているのだ。原宿、秋葉原と続いた東京のカルチャーは次のムーブメントを見出すことなく終焉してしまった。**クールジャパンと称して海外で日本文化が話題だというが、あれは残された資産を買い叩か**

れているに過ぎず、そこから発見されるイノベーションは皆無といっていいだろう。

経済も文化も、根幹部分を力強く支えていくべき日本の政治も機能不全に陥っている。自民党＋官僚が企業群に極めて近いところに立ち、一方の民主党も官僚をコントロールできず、民主党∧官僚∧大企業という構造だ。どちらが政権を担っても大きな変革を望むことはできない。さらには、大連立という大政翼賛会のような方式が再現される可能性さえある。教化システムを進めるマスメディアとスクラムを組んで、震災によるダメージや景気の悪化を背景にして情報統制やファシズム化が進んでいく懸念がある。

ここ数年、僕は帰国するたびに日本の暗さを感じていた。いまは電力不足による節電という、一部行き過ぎた社会の空気感も暗さに拍車をかけているが、震災が起こる以前からオフィスビルの明かりが消え、街を歩く人々の顔は暗く、歓楽街は金曜の夜というのに人出がなかった。ＪＡＬをはじめ、長年栄華を誇ってきた大企業は滅びのときを見せ、街行く人々も昭和の時代を懐かしむような会話ばかりしている。そうして過去の栄光を頼りに、現実の世界で夢を見ながら生きていく日本人が増えている。

僕がロンドン滞在中に出会ったアルゼンチン人ジャーナリストは、2001年12月にアルゼンチンが国家破綻したときのことを振り返り、「信じられないことが起きるのを肝に銘じておけ」と忠告してくれた。当時のアルゼンチンでは、国債借り換えが終わるまでの90日間、銀行の預金が流出するのを避けるため、政府は突如として預金封鎖を敢行。1週間で大統領が5人も入れ替わるほどの混乱があり、暴動も起きた。預金封鎖が行われた間、売買の不便さを解決するために地域通貨が作られたりもしたという。その後、預金封鎖は段階的に解除されたが、ドル建てしていた預金を暴落したペソやペソ建ての国債に強制的に切り替えさせられたことで、事実上、国民の財産は国に吸い上げられた。

こうしたことが、どの国でも起こりかねないのだ。もちろん、日本でも。

そのような中で、明るい未来を描けるはずもない。

そう、僕らはこの国だけではなく、海を越えた先にある地でも、希望を見出すべきではないだろうか。日本というシステムから一度エスケープしてみるという選択肢も、用意しておいたほうがいい。

ISSUE!
行動範囲を広げよう、世界を見よう！

ローマの歴史家クルチュウス＝ルーフスは「歴史は繰り返す」という言葉を遺している。文化的に人類は発展したが、根本にある欲望に差はなく、結果、一定のサイクルで同じような成功や失敗を繰り返してしまうのだろう。

経済的な側面から世界全体を見渡せば、現代の姿は１９３０年代から第二次世界大戦に至る過去の状況と酷似しているのではないだろうか。

ラジオに加えてテレビが台頭し、新しい情報網の登場とともに好景気に沸いたその頃は、インターネットという新たな、メディアの登場とITバブルが好景気をもたらした状況と瓜二つだ。借金と投資を繰り返して富をふくらませ、新メディアを駆使して実際に見てもいないものを見た気になっているのは、いまも同じだ。そして、突如として景気が悪化し、さまざまな政策を実行するもうまくいかず、やがては戦争という道へと突き進んでしまう。

果たして、今回はどこまで繰り返してしまうのだろうか。

1929年の世界恐慌は、その10年後に第二次世界大戦を幕開けさせた。2008年のリーマンショックを世界恐慌になぞらえれば、2018年に何かが起こるのかもしれない。それが世界的な戦争でなくとも、今後のパワーバランスを大きく左右させるような一大事が起こるのではないだろうか。

そして政治的な側面でいえば、特にいまの日本は、明治維新を目前に控えた江戸末期の状況を彷彿とさせる。西欧列強の植民地主義の歯牙が日本にまで伸びようとしている中、黒船が来航したのちも鎖国を貫くのか開国を進めるのか、遅々として話が進展しなかったという過去は、まるでいまの日本のようだ。意思決定のスピードが致命的に遅く、そして誰も責任を取ろうとしない。**世界は猛烈な勢いで変化しているのに、それについていくことができていない。グローバリゼーションの時代が到来してもずっとひきこもっていた。**

その日本に改革をもたらしたのは、海外の動向を注視し、見聞を広めたり、実際に海を渡って知識を得た維新志士たちだった。日本という島国を出て、世界という視座から日本を見つめることで、時代に求められていることを的確に把握し、それを実践する強い意志を磨くことができたのだ。

いまや、日本にいながら世界津々浦々の情報を手に入れることができる時代になった。しかし、インターネットで入手できる情報と、実際にその場を訪れ、自らの感覚で得てきた生の情報とは、その中身がまったく異なっている。ＩＴを使いこなせている者とそうでない者との間に情報格差があると騒がれているが、いまは時代や事象を自分の目で確かめて「正しく理解できている者」と、既得権益者側の人間の意思が組まれたマスメディアや表層しか捉えていないインターネットの情報で「理解した気になった者」との間に、埋めようのない格差が生じているのだ。

インターネットが存在することで、一部の独裁国家では「アラブの春」と呼ばれるムーブメントが巻き起こったが、古いシステムを持ったマスメディアが幅を利かせている日本のような先進国では、ガス抜きのためのデモや暴動が起こり得るだろうが、革命と呼べるほどのインパクトを起こすことはないだろう。さらにインターネットは今後、規制や抜本的ルールの改変が緩やかに行われていくようになると思われる。つまり、もっともっと窮屈で不条理な社会になってしまうのではないかと僕は危惧している。

しかし、この構造にいち早く気づいた者は、マスメディアが振りまく情報や既得権益社会、中央集権システムからのエスケープを図っていくべきだ。すでに多くの「早い人」は日本から外に出はじめている。

日本を見つめ直すためにも、また、変化し続ける時代に自分自身を適合させるためにも、海を渡るのだ。

時代はいま、新たな志士を欲している。

CHAPTER

2

海を越えた先に待つすばらしき世界

TSUYOSHI TAKASHIRO

ISSUE!

幕末の状況とそっくりな現代ニッポン

現在の日本がおかれた状況は、約260年続いた江戸幕府が機能不全に陥った幕末とそっくりだ。もちろん、世界のパワーバランスをはじめ、当時と現在ではさまざまな点で同一視できない部分も多いのだが、古いシステムが存続してきたことが国に一大事を呼び起こしたという点においては、いまと何も変わっていないと感じさせる。

1603年に開かれた江戸幕府は、1638年に島原の乱を収束させた後は、長らく太平の世を謳歌していった。参勤交代など有力大名の勢力を抑え、幕府を中心に配下の藩を統治する幕藩体制という中央集権化を進め、幕府の実権も譜代大名と呼ばれる一部の血脈だけで独占した。戦乱が続く日本にとって、画期的なシステムだったのだ。

しかし、17世紀末頃からは農業生産量が頭打ちとなって幕府の財政難が慢性化し、さらには外敵という存在も加わって、江戸幕府の威光は急速に衰えていく。さまざまな内的・外的変化に、システムが対応しきれなくなったのだ。ちなみに、安政の大地震と呼ばれる関東直下型地震がこの時期に起こっており、復興のために財政を緊急出動して幕府の財政が悪化したことも、倒幕のきっかけになったといわれている。

その後、幕府保守派と倒幕派の対立は深まり、1866年の大政奉還によって江戸幕府は終焉を迎えたが、その維新に活躍した偉人たちは、みな外の世界に明るかったことが共通している。外の世界を知る者と知ろうとしない者との争いだったと、言い換えられるかもしれない。

地政学的に琉球や清と近い長州藩や薩摩藩の要人は、西欧列強の実力を早くから痛感しており、その事実をもって倒幕や富国強兵を推進した。両者を結びつけた坂本龍馬は、脱藩して日本を俯瞰的に見られる視野を持っていたからこそ、この偉業を成し遂げられたのだろう。そのほか、咸臨丸に乗ってアメリカに渡った勝海舟や福沢諭吉、使節団として西欧各国を周遊した岩倉具視、大久保利通、木戸孝允、伊藤博文など、実際に海の向こうの世界を味わってきた人物らも、日本に偉大な足跡を残している。

そのほとんどが20～30代と若い頃での渡航であり、そこで見聞したことはずいぶんと刺激的だったに違いない。

歴史に「たられば」はあり得ないが、もし彼らが外の世界を知ることなく、生まれ住んだ土地に固執するようだったら、いまの日本はなかっただろう。

日本を脱し、洋行したことが、日本に新しい視座をもたらしたのだ。

ちなみに当時、海を渡って異国の文化を学ぶことを「洋行」と呼んだ。現代ではほとんど死語になってしまったが、自己の成長と日本の未来のために海を越えた維新志士たちを想い、本書ではあえてこの言葉を多用している。

そのような彼らの生き様や後世に遺した言葉は、いまの僕たちにとって大きな指針になるだろう。そこで、いくつかの名言を取り上げてみたい。


ISSUE!
維新志士たちの格言：坂本龍馬

「日本をいま一度せんたくいたし申し候」
（日本をいま一度、洗濯しようと思う）

幕末を駆け抜けた維新志士たちの中で、もっとも有名な人物である坂本龍馬が遺した言葉がこれだ。

下関戦争で長州藩がイギリス軍艦に負けた後、イギリスの背後に幕府の影があったことを知った龍馬は倒幕を決意し、姉に向けた手紙の中で、その想いをこのような言葉にして伝えたという。日本を生まれ変わらせるという決意を、洗濯という行為に当てはめているところは、龍馬の人柄を感じさせる。その後龍馬は薩長同盟を締結させ、新たな国家構想のもととなった船中八策を生み出し、国作りに貢献した。

僕も、いまのシステムはキレイさっぱりと洗濯し直さないといけないと思う。洋服でも、「まだ洗わなくても大丈夫、普通に着れる」と思っているのは本人だけで、実は相当の悪臭で周りは見るに耐えないと思っている人ばかりだったりするものだ。汚れを隠そうとするのも香水で匂いをごまかそうとするのも限界で、あまりにひどくなってもう着られなくなる前に、洗濯しなくてはいけない。

江戸幕府は約260年続いた後に「洗濯」されたが、現代は情報化社会になったことで従来の7倍のスピードで成長する「ドッグイヤー」化しているといわれている。そうであれば、いますぐに「洗濯」のときがやってきても、早すぎることはないだろう。

ISSUE!

維新志士たちの格言：高杉晋作

「おもしろきこともなき世をおもしろく」

（面白くない世の中を自分たちで面白くしよう）

吉田松陰が主催した松下村塾出身で、クーデターを起こして藩の実権を奪取し、第二次長州征伐などで活躍した高杉晋作は、破天荒で豪放磊落《らいらく》な英傑として知られている。下関戦争ではイギリス、フランス、オランダ、アメリカの四国連合と敗戦交渉にあたり、彦島の租借要求を阻止。もしこの要求を飲んでしまっていれば、第二の香港になっていたといわれており、その成果を称える声も大きい。藩命により22歳のときに上海へ留学しており、そこで植民地化する清の姿を目撃した経験が、倒幕の意志を固める礎になったと思われる。

この、「おもしろきこともなき世をおもしろく」は、まさに彼の性格や生き様を端的に言い表した言葉だろう。この現代の日本でも、まさにそうした考えが必要だ。

いまの日本は、とにかく閉塞感が凄まじい。おもしろいことをしようとすると叩かれるし、そういう行動を起こそうとしないほうがいいのではないか?とさえ考える人が増えていると思う。しかし、突飛な行動を起こせば御家断絶なり切腹なりの沙汰が下されていた当時と比べれば、いまはとても自由だ。この自由を最大限に生かし、高杉晋作がいうとおり、みんなで世の中をおもしろくしていけばいいと思う。

さらにいえば、そうしておもしろいことを率先して行動できる人が、新しい時代を生み出していくのだろう。

高杉晋作はわずか27歳で病に伏してしまったが、やりたいことを貫いた人生は、いま現在も輝きを失っていない。

ISSUE!

維新志士たちの格言：福沢諭吉

「心事高尚ならざれば働きもまた高尚なるを得ざるなり」

（心に高い志を持たないとあてもなく月日は過ぎ去り、よい働きもよい結果も生まれない）

明治維新以後、近代化を進める中で求められる思想や文化の在り方について説き、慶應義塾の創始者としても知られる福沢諭吉。鎖国を貫いていた当時で唯一外国文化と触れることができた長崎に遊学して蘭学を学び、20代半ばのときには勝海舟らとともにアメリカへと渡航、さらにその2年後にはヨーロッパ諸国を遊歴している。外の世界の文化水準の高さに驚き、貪欲に知識を欲したことで、優れた功績を残すことが可能になったのだろう。

この言葉は、かの名著『学問のすすめ』の中にある一節だ。大成を為すために高い志を持つことの重要性を説いているが、志を抱いたり信念を見出したりするには、自分の心の声を聞く必要があるだろう。子供が遊びに夢中になることに理由なんてないのと同じように、志や信念といったものは、本来自分の心の奥底に深く根付いているものだ。しかし大人になるにつれ、世間や建前、しがらみといったものがノイズとなり、本当の心の声がかき消されてしまう。ノイズに心をとらわれていたり、心の声を聞こうとしないと、福沢諭吉がいうように月日は無為に過ぎ去ってしまうのだ。

悩んだって時間はどんどん過ぎ去っていくばかりで、何の解決にもなりはしないことを、僕はこれまでの人生から学んできた。福沢諭吉も、同じことをいっている。それに、たとえば当時アメリカへ行こうとすれば数十日も船の上だし、難破して死ぬ危険も高かったわけで、それを思えばいまの時代がどれだけ恵まれているかわかるだろう。よっぽどハードルは下がっている。恐れる必要はないのだ。

ISSUE!

維新志士たちの格言：陸奥宗光

「事の失敗に屈すべからず、失敗すれば失敗を償ふ丈の工夫を凝らすべし」

（物事の失敗に決して屈せず、逆に教訓にして工夫して成功に導こう）

勝海舟の海軍操練所で坂本龍馬とともに学び、その後も日本初の貿易会社である亀山社中（後の海援隊）で肩を並べた陸奥宗光は、明治維新の前後で活躍した偉人の一人だ。坂本龍馬同様に脱藩して日本中を駆け巡り、明治維新後にはヨーロッパに留学して近代国家の政治を学んで、農商務大臣や外務大臣などの要職を担った。特に外務大臣時代には不平等条約である治外法権の撤廃に成功したり、日清戦争時にはイギリスやロシアを中立化させたりと、優れた外交手腕で知られている。

そんな彼が遺した言葉は、さまざまな成功の陰に潜む失敗について言及し、それを教訓にしようという、成功の秘訣を伝授するものだった。失敗は次の成功への糧であり、恐れていてはなにもはじまらない。それは僕自身も、何度も経験してきたことだ。

あらかじめ計画を立て、なるべく失敗しないようにやるのが当然だが、失敗をしてしまってもその処理にある程度の時間や労力的なコストがかかることを見込んで、適切な処理をすればいい。怖がったり面倒になったりして、その場しのぎで対応してしまうのが一番まずい。そこで処理しなかった失敗は、また別の姿になって再び現れるからだ。結局、適切に処理したほうが結果として低コストで済ませられるものなのだ。失敗にきちんと向き合うことが大事なのだろう。

これは、いまの日本という国そのものにもいえることだ。その場しのぎで対応したり、「なかったこと」として扱うことで、表面化したときには手がつけられない事態に陥ってしまう。

僕らは国のことまでは関与しきれないが、自分自身の行動によって生じた失敗は、正面を向いて対処して、自分の肥やしとしていきたいものだ。陸奥宗光の場合も、きっとそうして数多くの成功を成し遂げたのだろう。

ISSUE!

維新志士たちの格言：島津斉彬

「勇断なき人は事を為す能わず」

（勇気ある決断を下せない人物は、物事を達成できない）

薩摩藩主であった島津斉彬は、曾祖父が蘭学に傾倒していたことや、清との交易が盛んな琉球を支配下においていたために海外の事情に明るく、開明的な思想を持った君主だった。富国強兵を目指して日本で初めて洋式の産業システムを導入したり、西郷隆盛や大久保利通などを登用して明治維新の基盤を作った人物としても知られている。

そんな彼が遺した言葉は、非の打ち所もなく、そのとおりとしかいえない名言だ。しかし、その当然のことをできない日本人はとても多いように思う。決断することこそが、日本人、そして日本という国の最大のハードルだ。変化を嫌って決断することができず、先送りして、日々疲弊していく。

さらには、勇気を振り絞って決断した人に対して、揶揄《やゆ》するような風潮さえある。最近では、自信を持って堂々とした表情を「ドヤ顔」と表現する言葉が生まれたが、日本以外でそのニュアンスが伝わる国はないだろう。「自信を持って決断することの何が悪いんだ」と世界の人々は思うからだ。日本だと、それが「ドヤ顔」と呼ばれてバカにされ、叩かれる対象とみなされてしまう。

こうした風潮に騙《だま》されてはいけない。島津斉彬のいうように、決断を下せない人間は物事を達成させることはできないのだ。

自分自身に責任を持ち、新しい日本を生み出すための決断を次々に下していった幕末の志士たちは、きっと清々しいほどに「ドヤ顔」揃いだったはずだ。

ISSUE!

海を越えると何が得られるのか？

脱藩、異文化の習得、そして洋行。多くの維新志士たちの生き様を見てわかるとおり、彼らの心を熱く突き動かす源泉となったのは、**これまで生きてきた世界の外側から得られた知識や経験だった。**

なぜ、外界を知ることが維新志士たちを成長させたのだろうか。

もっとも大きな理由は、これまで自分が置かれていた内なる世界を、俯瞰的・客観的に見直す視点が得られることだ。

勝海舟は幕臣でありながらも、アメリカに渡った先で見知った近代文明に驚き、日本のためにと開国や江戸無血開城に貢献した。多くの維新志士たちを支えた土佐の名君・島津斉彬は、琉球や明との交易を通じて西欧列強の現状をつぶさに知り、そのことを理解しようとしない仲間を力強いリーダーシップで指揮しながら、富国強兵に努めることができた。もし彼らが、海外の情勢を直接見聞きする経験を得られなければ、ここまで日本の改革に寄与することはなかっただろう。外側に立ち、そこから日本の現状を冷静に分析した結果、このままではまずいという事実を真に把握することができたのだ。

このことは、どの時代を通じても同じだ。当然、現代においても。

バブル経済が崩壊してから、優れた改善策を打ち出すことのできなかった日本は、ゆるゆると衰退していっている。特にリーマンショック以後は、目に見えてシュリンクしていっている。数ヶ月ぶりに東京に戻るたびにどんよりとした暗さを増していくその様は、僕にはとても異常に映ったし、恐怖に似た気持ちもあるほどだった。夜の六本木を歩いていても人通りが少なく、人の表情も暗いのだ。しかし、そのことを知人に話してみても、どうもピンとこないらしい。**たしかに景気は悪いままだが、ここ数年ずっと横ばいが続いている、ともいう。明らかに悪化しているのに、内側にいる人間は、その変化のほどを正確につかむことができないのだ。**僕は事あるごとに、いまの日本が置かれたまずさを説明しようとしてきたが、外の世界を知らず、日本を俯瞰的にとらえることができないと、なかなか話が通じない。自分の国、さらにはその土地から出ようとしない人々自身、これからどうなってしまうのか、怖くならないのだろうか。

海を渡り、世界情勢と自分たちが住まう日本を見比べることによって、はじめて自分たちの立ち位置を確認することができる。そしてこれから向かう先にどのような希望が待っているのか、苦難が控えているのか、まっすぐなのか曲がりくねっているのか、ある程度見通すことができるだろう。

それはつまり、航海図を手に入れるということなのだ。

正確な位置を確認できれば、今後に起こるさまざまな政策や経済情報が、どのような結果を招くのか、予想の精度を高めることができる。日本の製品やサービスの本当の価値がわかれば、舶来ブランドに与えがちな無根拠な高評価をやめ、適正に判断できるようになるだろう。外に対して無防備な姿をさらし、いわゆる「ハゲタカ」にやられてしまうことも防げる。

ISSUE!
海を越えて得られるメリットはまだまだある！

海を越えることのメリットは、まだ数多くある。

日本という国だけでなく、自分自身の立ち位置をも確認できるということは、自分自身のいまを見つめ直すことができるということだ。希望するものに対して不足している点がわかれば、今後の自己研鑽《けんさん》の励みにできるし、足りている部分がわかれば、自信を持って新たな道を踏みしめることができる。すなわち、成長できるということだ。

もっともわかりやすい例が、プロスポーツの世界だろう。グローバリゼーションが進んだいま、国ではなく世界でトップを目指さなくてはならない時代になった。特にサッカー界では海を渡ることは当然で、日本のJリーグも積極的に外国人選手を受け入れることで、基礎的なレベルを大きく高めることに成功した。海外プロリーグに渡った日本のサッカー選手は、これまでに培ってきたスキルが世界でどれくらい通用するかを試すことができる。フィジカル面での劣勢を痛感すれば、肉体改造に着手することができるし、ボールコントロールは負けていないとわかれば、その長所を磨いてさらに上の世界を目指すこともできるだろう。当然ハイレベルな環境は、そうでない環境でプレーしているよりも、何倍も多くの試練と成長を得られるはずだ。

そうして個々の技量を磨いた選手が増えていけば、日本のJリーグの質が上がり、サッカー文化全体のレベルも高まっていく。

こうした例は、もちろんスポーツだけではない。経済でもアートでも、あらゆる分野において魅力的なスポットが外の世界に存在する。たとえ寿司職人という日本固有と思える職業であっても、食を追究するという意味では、やはり外の世界に飛び込むことで成長できる部分は大きいはずだ。

近年の韓国の躍進は、国をあげて世界へと人材を送り出したことの功績が大きい。1997年のアジア通貨危機によってウォンが崩壊し、IMF管理下におかれて厳しい季節を迎えた韓国人たちは、映像関連ならハリウッド、音楽ならニューヨークといったように、海外へと積極的に飛び出すようになる。そうした人材が韓国に戻ってきてからは、特にエンターテインメント業界が大きく進化した。韓国映画に良作が飛躍的に多くなったのも、音楽業界が日本を含む海外マーケットを狙って本格化しだしたのも、そうしたターニングポイントがあったからだ。国の行く末に不安を感じての逃避行という側面もあっただろうが、良くも悪くも通貨危機をきっかけに、さらなる自己成長を遂げることができたのだ。

さらには、海を越える経験を積み重ねることで、国際感覚というセンスを磨くことができる。スポーツの世界に国境がなくなったのと同じく、**今後はもっと多くの領域でも国という枠組みが薄れていくだろう。そうした社会の中では、いわゆる国際感覚の有無がその後の成否を分けるようなシーンが増えていくものと思われる。**

国際感覚とは、世界の多くの人が共通語として使用している第二公用語としての英語のように、文化や慣習の異なる人種でも意思疎通を図れる最大公約数的なルールといったものだ。たとえば、他人との交渉ごとや質疑を行う際に重要なのは、イエスかノーか、または「まだわからない」ことをハッキリいうことだ。イエスかノーかをハッキリさせることではない。「まだわからない」という回答も、どのような状態・時間・情報などがあれば答えが出せるようになるのかという条件をしっかり提示できればいいのだ。その場で決断できない判断力のなさも日本人が非難されがちな事柄だが、それ以上に、いまは決断しないという選択肢も含めて、明確な態度やビジョンを見せないことのほうが問題なのだ。

沖縄の米軍再編問題について、日本政府がアメリカと沖縄の双方からつき上げられているのは、政府の方針に対する不満というよりも、なんの決断も下さないという態度があるからだろう。年金問題もTPP交渉も同様だ。ちなみに、幕府に開国を迫ったペリー提督を怒らせたのは、開国に対して拒否するでもなく、かといって受け入れる姿勢を見せるでもなく、「いまは責任者がいない」「協議を重ねないと回答できない」と、いつまでたっても物事が進展しなかったからだと言われている。こうしたぶらかし戦略は、有効に活用すれば外交戦略のひとつといえないこともないが、その後幕府は恫喝的な圧力に屈して日米和親条約を締結させられることになり、なんの成果も上げていない。

一度国際感覚を身につければ、どの国でも生きていけるようになるだろう。その能力は自信となり、ひきこもりがちな心を解放し、さらに積極的に海の向こう側へと渡

る力となる。

その他、実際に滞在することになった国の現状を、直接その目で見て肌で感じることで、生きた情報を獲得することができる。前述したとおり、インターネットがある現代では、自宅にいながらにして世界のことを知った気になることができるが、そこで手に入るのはマスメディアの手垢《てあか》がついた情報か表層的なものに過ぎない。グーグルマップのストリートビューを使って上海の101階建てビル「上海環球金融中心」を眺めてみても、その圧倒的な存在感の数%も感じ取ることはできないだろう。さらには、その近くに世界各国から集まった金融マンや有名ブランドを目当てに買い物を楽しむ富裕層、地方から来たと思われるみすぼらしい身なりの中年女性が同じエリアにいる異様な光景を見ることはできない。また、なんらかの機会に他国の政策や主義主張についてクローズアップされる場合があるが、その国に行ったことのある人が述べる批判と、そうでない人とでは、発言の正確性や信頼度がまったく異なっている。行ったことがない国についての批判はするなというわけではないが、実際に口にしたことのない料理についてあれこれ論評することに似たようなもので、眉唾だ。

洋行の経験は、確実に自身を格上げしてくれるのだ。

ISSUE!
ひきこもっても日本は何も変わらなかった

国土交通省のデータによると、2009年、日本の出国者数は1598万人で世界14位、入国者数は679万人と世界33位となっている。2006年のデータでは、それぞれ13位と30位だったので、どちらも順位が下がっているのがわかる。この数値は、先進国からすれば相当に低い数字といえるだろう。またこのランキングには、人口の割合は加味されていないため、それを考慮すれば日本の「海外渡航力」はさらに下に位置すると思われる。日本は他国と違って四方を海に囲まれているという反論は、同じ条件であるイギリスが日本の4倍以上の出国者数を記録している点から、論じるに値しない。しかも人口比で考えれば、**イギリスは全国民平均で一人が年に約1・12回**

は海を渡っているのに対し、日本はわずかに約0・12回だ。

どうみても、日本はひきこもりすぎだ。

原因のひとつには、過度にあふれる情報の弊害があるのだろう。人の情報処理能力はそう変わっていないのに、日々もたらされる情報はこの10年で100倍以上にも増加した。その一方では、情報をたくさん身につけている者ほど優れているというような風潮さえある。本当に重要なのはインテリジェンスと呼ばれる類の知恵であって、雑学や芸能ニュースといった雑多な知識をたくさん仕入れても、それほど意味があるとは思えない。とにかく量を取り込めば偉くなった気がするという人も多いようだから、困ったものだ。こうした人々を、僕は「情報デブ」といっている。何もしなくても向こうから情報がやってくる時代だから、積極的に情報が入ってくるのを防止し、「情報ダイエット」に勤しまなければならない。「情報デブ」になってしまうと、なんでも知っているような気になるし、動きが鈍くなってひきこもってしまいがちだ。海を渡るのも面倒に感じるし、いざというときもきっと素早く動けないだろう。

世界から見れば、まだまだ日本はとても裕福な先進国であり続けている。しかし何度も言うように、これからの未来は決して明るいとはいえない。もしかしたら、好んで海を渡らないという時代は過ぎ、海を渡れない、または渡ったあとに戻ってこれない、という時代がやってこないとも限らないのだ。そうなれば、洋行で自分自身をスキルアップするという手段を選ぶ機会が永遠に喪失してしまうかもしれない。

チャンスはいつまでも待ってくれるわけではない。

ISSUE!

ほんの1ヶ月でも外に出れば何かが変わる！

ここまで読んでも、海を越えることに強い抵抗感を拭えない読者も少なくないかもしれない。特に一度も海外へ出たことのない人にとっては、ためらいも大きいと思う。

維新志士たちを引き合いにして洋行のすばらしさを説いてきたわけだが、正直そこまで決死の覚悟で海を渡らなければならないことはない。そこで成果を上げなければ日本に戻れない、というものでもない。

実は、たった1ヶ月でもかまわないのだ。それだけの期間であっても、先に挙げた海を渡ることのメリットの大まかな部分は得ることができるからだ。もちろん長ければ長いほど得るものも大きくなるし、できればまとまって3ヶ月くらい海外で過ごせればベストだが、どうにか1ヶ月確保するだけでもいい。それだけでも、日本にひきこもっていたいままでとは雲泥の差だ。1ヶ月という短い間でも、これまで自分が生まれ、慣れ親しんだ土地を離れるという体験には、人生初の興奮が待ち構えているはずだ。

重要なのは、旅行するのではないということ。ここと決めた都市に腰を下ろし、暮らすのだ。海外旅行経験のある人は多いだろうが、一定期間でも生活の拠点を構えるまでしたことのある人は、それほど多くはないだろう。旅行者用ではない料理を味わい、地元のスーパーに行って食料を買い込み、銀行や役所に行って手続きを行い、契約を結んだ賃貸住宅で生活する。生活することでこそ得られるものは、かなり大きいのだ。

一度外へ出た上でなら、そこから日本へ戻って再びひきこもりの道を選ぶのもあり得る話だと思う。これまでとは違った視座をもって、内向きの思考を突き詰められるからだ。徹底的に内面世界を追求することで生まれたアートや音楽は、インターネットを通じて容易に世界へと発信することが可能で、世界中からファンを見つけ出すことができる。日本というローカルで生きていくことを決めた人にとっても、世界の視座を手に入れることで、日本で生き抜く上での貴重なアイデアを得ることができるはずだ。人生は長い。ほんのわずかな期間であっても、海外で仕事をしたり留学することが及ぼす効果の大きさを、一度よく考えてみてほしい。

次章より詳しく紹介していくが、ちょっとの間海外で暮らすというのは、実のところそれほど難しくはない。世界各国を渡り歩くことで、僕はそのことを十分に理解したつもりだ。いまや、羽田空港から上海、台北、バンコクなど、気軽に行ける時代になった。アジア圏ならわずか数時間でたどり着く。**新しい住居を探して渋谷や三宿エリアの物件を探しまわるのと同じ感覚で、エリアをちょっとアジアのほうまで広げてみればいいだけだ。**気に入らなければ別のエリアをあたってみればいい。その程度の感覚でいいし、それ以上に構えることもないのだ。

さあ、日本を出てみよう。

CHAPTER

3

海を渡るのはとにかくカンタンだ！

TSUYOSHI TAKASHIRO

ISSUE!

海外へは行きたいが数多くの不安要素がある

グローバリゼーションは今日の世界にさまざまな弊害をもたらした。各国で抱えていた小さな問題が、グローバリゼーションによってリアルタイムで世界中へと発信され、レバレッジがかかって大問題になり、これまで無関係でいられた国や人まで当事者にさせられることとなった。ギリシャが国家ぐるみで行った財政の粉飾処理や慢性的な不正会計の問題が、ここまで世界の一大事となるとは、数十年前までなら予想だにできなかったに違いない。

しかしその一方で、グローバリゼーションがもたらしたメリットもある。ITの発達によってお金がデータ化され、電子世界の中で簡単に国を越えることが可能になった。そして情報網が世界をつなげるようになってまもなく、今後は人の動きも世界中でつなげるべく、航空業界に革命が起きた。ローコストキャリア、いわゆるLCCの登場だ。旧来の航空会社が行ってきた食事や毛布の提供などの機内サービスや、地上での応対などのコストを徹底的に省くことで、圧倒的な安さを実現。ヨーロッパ圏なら、1万円で乗れる便が山ほどある。日本のように航空機に乗ることが一大イベントではなく、電車を使うのと同じくらい、身近な交通インフラになっているのだ。僕がこうやって毎年数十ヶ国を渡って仕事ができるようになったのも、このLCCのおかげといえる。LCCについてさらなる詳細が知りたい人は、自著『70円で飛行機に乗る方法』を参考にしてほしい。

こうしたメリットを利用しない手はない。いまの時代は、過去のどの時代と比べても海を渡りやすい環境が揃っている。思い立ったら、すぐに地球の裏側にだって行けるのだ。

ただ、実際に海外へ行くことを考えると、乗り越えなくてはならないいくつかの障害に思い当たるかもしれない。向こうでの暮らし方や言葉、仕事……。この章では、そうした支障となりそうな事柄について、僕の経験を踏まえたアドバイスを提供する。不安を取りのぞき、海の向こうへ渡る気持ちを少しでも高めてほしい。

ISSUE!

【ケーススタディ①】国の許可なしに長期滞在は可能なのか？

第2章でも語ったとおり、本書で推奨している洋行とは、日本以外の国に渡って生活をする経験ということだ。ただ史跡や景勝地を巡る観光旅行ではない。その国に根を下ろし、住民と同じ目線で同じ空気を吸って生活をしてみることが何よりも大事になる。

そう話すと気になるのが、**「何の許可もなしに外国人である僕たちが異国の地に滞在できるのか？」**ということだろう。

結論から先にいえば、世の中のほとんどの国で、特別な許可なしに約3ヶ月間滞在することが可能だ。

外国籍を持つ人物が自国内に入る際、その行為が不利益をもたらすことがないよう入国の目的にあわせて事前審査し、その人物にビザ（査証）を与えるのが世界的な慣習だ。大まかには、その国で働きたいのであれば就労ビザ、長期に暮らしたいのであれば居住ビザ、余生を過ごす場としたいならリタイアメントビザ、といった種類があるが、具体的な名称やビザの内容については、各国の制度によって異なっている。こうしたビザは、各国の大使館を通じて申請するのが一般的だ。

こうしたビザのひとつに、観光を目的とする観光ビザがあり、旅行者はこちらを利用することになる。しかし、これだけ国際交流が活発になってきた昨今、ちょっとした旅行でいちいちビザを取得するのは大変だし、大使館業務も滞ってしまうだろう。そうした理由から、一定の信頼がおけると判断された国の国民に対しては、観光ビザを免除している。ありがたいことに日本は世界からの信頼が厚く、中東やアフリカの一部の国をのぞいて、ほとんどの国にビザなしに観光に行くことができる。事前取得が必要であっても、インターネットで申請したり航空券予約時に旅行会社経由で取得できたり、現地到着後に空港内で申請できたりと手軽だ。

そして、この観光目的のビザなし滞在が認められている期間が、たいてい3ヶ月以内（90日以内）に設定されている。主要な国を上げれば、韓国、オーストラリア、アメリカ、カナダ、イタリア、スペイン、フランスなどがそうだ。短い国では、ブルネイの14日以内というのがある。反対に長い国では、ドイツやイギリス、オーストリアが6ヶ月だ（すべて2011年5月現在。外務省HP: http://www.mofa.go.jp/mofaj/toko/visa/tanki/novisa.html による）。各国で一部条件に制限があったり、期間などの内容が突然更新されることもあるが、日本がまるっきり違う国に変わるようなことがあったり、世界規模で不穏な空気が流れるようなことでもなければ、基本的な部分は変わらないだろう。当然先人たちの功績の賜物であり、そこに感謝しつつ、僕ら日本人はその恩恵を最大限に生かさなければならないと思う。

身元を保証するパスポートさえあれば、明日から3ヶ月、異国の地で暮らすことになんら制限はないのだ。

ISSUE!

【ケーススタディ②】居住地はどのように設定するのか？

その国の生活を味わうという目的を達成するには、居住地の選定も大切だ。日本の旅行誌で大々的に紹介されていて、現地に日本人ガイドが常駐しているような観光客向けの高級ホテルではいけない。費用もかかるし、その土地に住む人々と同じ目線になることができないからだ。

そこで候補になるのが、ゲストハウスやユースホステル、YMCA・YWCAといったコストをかけずに世界を回っている旅行者向けのホテルや、観光客向けサービスがあまりないコンドミニアムや中級ホテル、さらには現地民と同じ賃貸アパートだ。コネクションがあれば、ホームステイという方法もいいだろう。

旅行者向けホテルなどは、同じような目的を持った旅行者で交流できるため、現地のことを深く知るきっかけになるだろうし、世界を巡る中で自分を成長させようという洋行の同志から得るものも少なくないだろう。ただ、宿泊コストを格安に抑えることができる一方で、調理器具がないなど一般的な日常生活のスタイルを実現しにくい面もあるので、3ヶ月間ずっと過ごすには少し厳しいかもしれない。中級ホテルでも、生活と言った面ではやはり実現しにくい部分がある。

そうなると、実践したいのがアパート物件の賃貸だ。海外で賃貸契約を結ぶための条件はさまざまだが、国によって法制度が異なるというよりも、物件のオーナーによる意向が強い。居住ビザがない相手とは交渉しなかったり、ビザなし観光者自体との契約を嫌がるオーナーも当然いるが、賃金をしっかり払いさえすれば構わないという人も少なくない。僕がさまざまな国を巡ってきた経験では、圧倒的に後者のほうが多いように感じる。特にビザなし観光で入国した者は最長でも3ヶ月の契約であるし、契約の際に前払金として全額払ってしまえば、交渉に赴いたその日のうちに笑顔で契約成立ということも普通なのだ。海外でも賃貸は1ヶ月単位で計算することが普通で、残りの分の資産があることを証明できれば、毎月支払う形態もできるだろう。ちなみに、日本でいう敷金・礼金にあたるものはほとんどの国で存在しない。

賃貸が可能なアパートは、インターネット上で探し出すこともできなくはないが、日本ほど整備されていないので、情報量はかなり少ないといわざるを得ない。そのため、実際に自分の足で探しだすのが懸命だ。とても大変な作業に思えるが、歩きながら街の様子をうかがい、生活したときのイメージを高めることができる。何年も暮らすわけではないのだし、自分が一番興味があって楽しそうな感じがあったり、目的を果たすのにもっとも効率的な位置にあったりする街で探すのがいいだろう。そして、よさそうなアパートを見つけられたら、建物内にある管理事務所を尋ねるか、そこの住民から連絡先を訪ね、コンタクトを取ろう。一緒に物件内を見て回って設備を確認し、その後契約内容をお互いに確認した上で契約金を支払えば、その日のうちに利用できるようになるというケースも少なくない。

海外の賃貸物件は家具付きである場合も多くあるので、契約が終わればすぐに日常生活を送ることができるだろう。もちろんウイークリーマンションも数多くある。朝になったら鍵を閉めて外へ出て、現地スーパーで買ってきた食料を使って料理して、夕飯を食べたあとはベッドで寝る。さまざまなサービスを受けながらお客様として寝泊まりするホテルとは、まったく異なる体験ができるはずだ。

ISSUE!

【ケーススタディ③】英語力に不安がある場合はどうすればいいか

ますます世界が混迷していく現代において、語学力はこれからを生きる人にとって欠かせないスキルのひとつだ。特に英語は事実上の国際公用語であり、英語を話せるのと話せないのとでは、大きな隔たりが生まれてしまう。何十年も前からいわれていることかもしれないが、その隔たりは加速度的に拡大していくだろう。

しかし間違ってはいけないのは、**なにも完璧にマスターしなければならないというわけではないことだ。**何らかの試験でいい点をとることが、すべてではない。英語をルールにした場において、相手とコミュニケーションが可能であれば、発音の仕方にクセがあろうが少し間違った文法を使っていようが、基本的にはかまわない。もちろんそうした点から、英語が完璧ではない日本人だという印象を相手に与えるだろうが、そうした印象が目的達成の支障になるものでなければ、何の問題にもならないはずだ。特に、第二公用語として英語を活用する人が数多く登場した結果、「グロービッシュ」とも呼ばれるシンプルで簡単な英語が世界に広まった。ネイティブでない人が英語を駆使するシーンが多くなり、発音がおかしいからとあげつらう雰囲気はなくなっている。

だから、学校で学んだ英語の知識が多少残っているのなら、それだけで海外に渡ってみてもかまわないし、実際そうそう困ることはないだろう。さまざまなレベルでの交渉ごとを行うビジネスにおいては、英語能力の習得度が今後の成果を左右することもあるだろうが、僕のようなクリエイターと仕事をオファーしてくれるクライアントという立場なら、お互いの意思疎通ができればそれで十分だ。ましてや、日常生活を過ごすだけなら、日本の教育を受けたレベルで物足りないということはない。

英語をはじめとする語学をじっくり学びたいのなら、海を渡る1～3ヶ月を、語学習得のための洋行と決めてしまうのもいいだろう。語学を学ぶには環境が大事なのは言うまでもないが、日本国内で「駅前留学」とがんばってみたところで、四六時中日本語が通じない環境で過ごすのと比較すれば、大きく違う。事前に語学学校をリサーチし、手続きを取ったあとで、英語ならイギリスやアメリカ、中国語なら中国、タイ語ならタイへ渡るのがいい。費用対効果を考えるのであれば、身近で物価も安いフィリピンに英語を学びに行くというのもありだろう。海外で実際に生活をしながら語学を学ぼうとすれば、日本の外でも生きていける力を磨く一環として、語学力も効率的に身につけていけるはずだ。一部の語学学校の詳細については巻末に記載しているので、そちらも参考にしてみてほしい。

語学力が不足していることに不安が消えないという人は、デジタルガジェットをフル活用してみよう。いまや、分厚い辞書を持ち歩く必要はなく、すべてデジタルデータの中に収めることが可能になった。アイフォーンやアイパッドで知りたい単語を記入すれば、即座にその意味が出てくる。グーグルでは翻訳機能も進化しており、ほぼリアルタイムで音声翻訳できる技術もある。これは日本語はまだ未対応のようだが、そう遠くないうちに適用されるだろう。僕の場合は、指差し会話帳というアプリケーションも使っていて、タイ語や中国語など、英語以外の言語を活用するシーンでは重宝している。旅のシーンで頻繁に使うような会話がビジュアルつきで表示されているので、コミュニケーションを取りたい相手と意思疎通しやすくて便利だ。

ちなみに、24歳でニューヨークに移り住んだ僕の場合も、人に自慢できるような英語力は備わっていなかった。辞書を片手に身振り手振りで交渉して、アパートを借りたり、水道や電気の会社と契約した。いま振り返れば、拙い英語でよく伝えられたものだと思う。語学力はもちろん大切だが、それ以上に相手に伝えようとする想いが重要なのだろう。

僕が長年実践していた英語の学習法は、1日10単語と、その単語が入った例文を覚える方法だ。単語だけを覚えると、その単語を日本語に直訳したときの言葉が頭の中に残り、それが間違った用法を植えつける原因になりかねない。そのため、例文とセットにすることが重要だ。

さらにそうした単語や例文は、自分が興味のある分野から見つけ出すようにするのがいい。僕の場合なら先端テクノロジー関連のウェブサイトや雑誌、新聞で気になった言葉をメモったり、アイフォーンで撮影して記録し、それを学習する。興味のある分野なら、その言葉を学ぼうとする意志が強く、継続しやすいからだ。さらにいえば、広告に載っている単語は重要度が高いと知っておこう。日本ほど国民の基礎語学力が高くない海外において、より多くの人に訴求しようとする広告では、特に汎用性の高い言葉やフレーズが使われているものだからだ。一方口語については、映画を英語字幕で見て、そのまま覚えた。これも単語の習得と同じで、やはり興味があるものについては身につく速度が速い。

ただ、ひとつ忘れないでおきたいのが、語学を身につけたとしても、それだけで海外の人とすばらしいコミュニケーションがとれるわけではないということだ。当然ながら、何かしらを伝えたい想いがなければ、他人と心からの交流を行うことはできない。特に右も左もわからない異国の地に移り住んだ直後は、伝えるべきことが何かもわからない状態になりがちで、語学力があっても家にひきこもってしまいかねない。そうなれば、「ひきこもり国家」である日本を出た意味が大きく損なわれてしまう。

異国の地でどうコミュニケーションをとっていいかわからなくなったら、まずは自分のことを話そう。自分が住んでいた日本のことや、自分というものについて。自分の好きなものについて堂々と話すことはすごく大事で、たとえば「アニメ『けいおん!』狂いでDJをやっている」というパーソナリティーだとしたら、それはかなりのインパクトだ。「DJがゾンビになるPVを撮りたい」という個性的な目標を語るのもおもしろいだろう。そうした話に対して、相手が好むかそうでないかはわからないが、その場のコミュニケーションを大いに活性化させるのは間違いないだろう。

また幸いにも、日本は多くの国にとって魅力的で不思議な東洋の国とイメージされており、そこでどんな暮らしをしていたのかという話でも話題になる。僕が最近よく見せるのがアイフォーンで撮影した東京の通勤ラッシュの映像で、これにはみんな驚いてくれる。僕らにとっては見慣れたものだが、世界ではかなり奇妙な光景だからだ。その映像から東京がどのような都市なのか、なぜすし詰め状態になってまで職場に行こうとするのか、いろいろと興味が湧いて話を広げることができる。

だから、**こうしたコミュニケーション力があれば、語学力はそこそこでもかまわない。多くの人と関わりたい気持ちさえあれば、日本を飛び出してしまっても大丈夫なのだ。**

ISSUE!

【ケーススタディ④】いまの日本での仕事はどうすればいいか

実際に洋行しようと決断するにあたって、もっともネックとなるのが職についてだろう。

当然、個々の会社によって労働環境が異なっているから、一概にいうことはできないが、有休や夏期休暇などを合わせ、**海外で生活する時間をどうにか1ヶ月間作りたい**。事情によっては多少減らしてもやむを得ないが、1ヶ月近く海外に移り住むという経験が、個人の成長に大きな意味をもたらすと僕は考えているからだ。簡単に1ヶ月も休みをとれないという人は、数ヶ年計画でどうにか休みを集中させてみてほしい。

本書では、日本を出て海を渡ることの重要性について説いているが、その効能は特定の年代だけにもたらされるものではなく、老若男女すべてにもたらされると考えている。もちろん、そこで得た成果を有効活用できるといった点では、若いときに経験するに越したことはない。これは社会人についても同じで、就職してまもない20代も、中堅どころへと成長する30代も、管理職に就きはじめる40代も、熟練となった50代も、洋行の経験をするべきであり、若ければ若いほどいい。

外の世界をじっくり味わえれば、才覚ある者はそこでのビジネスも想像できるだろう。動かせない日本の不動産だけは別だが、いまやビジネスは日本だけで行うものではないからだ。また、語学力の必要性もますます高まっており、どれだけ優れた映像のクリエイターでも、**日本国外へ自ら発信していけないと、その評価は相対的に縮小**

していくだろう。日本だけでいばっている大家は、どんどんと肩身の狭い思いをしていくと思う。

また、忘れてはならないのは、年功序列が完全に崩壊し、企業の淘汰が苛烈さを増すいま、当然ながらいまいる会社で定年まで勤務できるとは限らないということだ。就職氷河期を耐え抜き、無事就職を果たすことができたとしても、定年まで安泰ということはなくなった。一部上場企業に転職できたといっても、世界が同じ土俵で競い合うようになったグローバリゼーション下においては、**新技術や新サービスの登場が巨大企業やひとつの市場を一瞬にして葬り去ることも珍しくなくなった。10年前には世界に名だたる家電メーカーだったのに、いまや見る影もなくなった日本企業も少なくない。**

さらには、激動の時代を迎えているこの世の中を生き抜くためには、なにより自分という個人のスキルを高めていかなくてはならない。大手企業に勤めているという肩書きは砂上の楼閣になりかねず、そこに安寧を求めてはダメなのだ。

もしかしたら、どうやってみても1ヶ月の休暇を確保できない人もいるかもしれない。**しかし、僕はこのまま日本でひきこもってズルズルと生活するよりも、まずは1ヶ月でもいいから、洋行というすばらしい経験を実践することを強くお勧めする。**中途半端な年代で会社から放り出され、ロクな仕事先しか見つからないという事態を避けるためにも、いつでも次へ移れるよう自分を鍛えておくべきだ。その機会は早いに越したことはない。

ISSUE!

【ケーススタディ⑤】海外で仕事をするにはどうすればいいか？

ビザなし観光の制度を生かして、まずは海を渡ってみることを本書ではお勧めしているが、さらに一歩進んだところとして、現地で働くことについても書き記したいと思う。

ビザなし観光や観光ビザによる渡航は、あくまで観光が目的であるため、**ちょっとしたアルバイトも含めて就労行為は原則厳禁で、国外追放の対象となり、最悪再入国**

に制限がつく可能性があるから気をつけなければいけない。現地で稼ぎを上げるには、働くことを認められた就労ビザを取るか、期限問わずにその国に住むことを認められた永住権が必要となる。永住権の場合は、日本国籍を捨てなくてはならないわけではないが、基本的にその国に移住することを前提にした制度であるため、あくまで海を渡ったあとに日本に戻ってくることを想定している本書では、永住権の詳細については割愛する。

就労ビザを取得する方法は国によってさまざまだ。基本的には現地の就職先を確保した上で、関連資料を揃えて大使館に申請する必要がある。そのため、就労ビザを取得したあとに渡航して就職先を探すといったことは不可能だ。日本にいる間に就職先を探し、ネットや電話を使って書類審査をしてもらい、ビザなし観光や観光ビザで入国して面接するのが一般的だ。なるべく渡航が無駄にならないよう、複数社の面接日を固めておくのがいい。

なお、就労ビザがスムースに発給されるのは、日本人でなければならない仕事であるケースだ。日本が外国人労働者の大量流入を嫌っているのと同様に、世界各国でも外国人を雇用することで自国民の雇用機会が失われることを望んでいない。そのため、就労ビザを取りやすい日本人の職業としては、寿司職人を含めた和食料理人、金型製造やハイテク分野の技術者、日本人観光客が多い場所でのツアーガイドやダイビングインストラクターなどが挙げられる。特に寿司職人は、衰えを知らない世界の日本食ブームを背景に慢性的な人手不足なので、大きなチャンスがある。地中海の宝石とも呼ばれる景勝地のドブロブニクでは、最近になって続々と寿司料理店が増えてきているが、残念ながら日本人の職人はほとんどおらず、中国人や韓国人ばかりだ。すばらしい技術を持ちつつ、板場でお客さんと英語でコミュニケーションが取れるような職人なら、どこの国でも食べていけると思う。

そのほか、高いビジネススキルを持ち、その能力が認められれば、技術職でなくとも就労ビザを取得することは可能だ。特にシンガポールなど、有能なビジネスマンを世界から集めている国ではビザが下りやすい。

現地企業に就職するほか、日本企業の現地法人に就職する方法もある。日本国内で就職活動を行えるメリットがあるが、その国で採用するに値する経験や言語能力を雇用主側にアピールする必要がある。または、現地採用試験を受けるという方法もあるが、この場合は現地の人と同じ就業規定・賃金となる。

なお、いずれにせよ現地の企業が日本人という外国人を雇う場合、会社の規模によって雇用できる人数は制限されているし、就労ビザの申請には時間的にも金銭的にもコストがかかるものだ。そうした制限やコストを踏まえても、ほしいと思える人材になれなければ就職することは難しい。

もうひとつ、就労ビザを取得できる可能性としてあるのが、自ら起業してしまう方法だ。

現地企業に就職する形で就労ビザを獲得した場合、問題となるのが解雇されたときだ。その企業で働くために手に入れたビザなので、辞めることになったらわずか数ヶ月のうちに失効してしまう。その国で引き続き生活していきたい場合は、そのわずかな期間で再就職先を見つけ出さなくてはならない。

それが起業した場合なら、起業した会社で自らを雇っているという形でビザを取得できるので、経営がうまくいっている限りビザが失効するリスクを避けることができる。当然、希望しているビジネスがその国でうまくいくのか徹底的なリサーチが必要だし、最低でも数百万円規模の資本金は必要だ。

なにより海外のビジネスでは、現地に信頼できるパートナーを見つけられるかが大事になる。法的にも外国人単独では法人設立ができない国もあり、同じ経営者として迎えられるパートナーを見つけたい。**ビジネスの成功とはどれだけいい人材と巡りあえたかであり、最良のパートナーは、各国で内包するカントリーリスクを回避できる唯一無二の存在でもある。**

タイミングも重要だろう。起業の時期的なこともそうだし、起業を決意する直感が働いたタイミングというのも大切にしたい。納得できるパートナーが見つからず、直感が働かないときは、まだそのときではないと考えよう。

こうして現実的な話を書き連ねると、ハードルが高いと思われるかもしれないが、僕はこれまでにも海外で成功してきた日本人をたくさん見てきている。上海では自らクラブハウスを設立し、地元で新たなムーブメントを生み出しているＤＪがいる。日本人が経営する美容室は海外の人々、特に中国人から支持を得ていて、ロンドンでもオーストラリアでも繁盛している。こうした技術職は、デジタルに簡単に取って代わられるものではない点で廃れはしない。**無理して表参道などに出店するくらいなら、海外に看板を構えたほうがいいに決まっている。業種にもよるが、海外よりも日本で展開したほうがリスクが高い場合も少なくない時代だ。少子高齢化や原発の問題……日本のリスクは挙げたらキリがない。**

僕はスペインで就労ビザを手にいれたが、働きながら暮らしたい場合、その国でどのような人材を求めているのかを徹底的に調べるといいだろう。バルセロナなどに世界中からアーティストやクリエイターが集まるスペインでは、僕のような人材を必要とみなしてくれた。好みの国での就職を希望するのもいいが、自分の能力を見極めた上で、これまで培ってきたスキルを最大限に活用できる国を選ぶという方法もいいだろう。

また、現地で生活してみることでビジネスチャンスを見つけたということもよくある話だ。数年前、僕の友人はヨーロッパ滞在中、あまりの寒さで凍えていたとき、使い捨てカイロがあったらいいのにと感じることがあったという。日本ではおなじみの使い捨てカイロも、当時はヨーロッパに流通していなかったからだ。友人は日本から商品を輸入し、これを売って稼ぐことに成功した。こうした例もあるから、ビジネスを展開させる上では、とりあえず1～3ヶ月でも異国に滞在することに意味はあるのだ。

ISSUE!

【ケーススタディ⑥】子供がいるので世界へ出るのに不安がある

就労ビザを取っての長期移住の場合、子供がいる人にとっては、その存在も渡航の決断を大きく左右させるものだろう。

子供がいない僕があまり大きなこともいえないが、これまで論じてきたとおり、めまぐるしく様相を変える世界で生き抜くためには、日本にひきこもっていてはダメだ。

世界で生き抜くために必要な語学力や国際感覚は、早くに身につけるほど有利なのは

明白で、幼い頃から海外経験を積ませてあげるのはとてもよいことだと思う。

日本には中学校までの教育を国が責任をもって担う義務教育の制度があることから、日本人居住者の多い海外でも日本人学校が設立されている。そこでは初等部、中等部などに分けられているが、実質日本の小学校、中学校と同じだ。文部科学省の管轄下にあり、教員も日本人であることがほとんどだ。しかし、海外で日本人学校に通うことを僕は薦めない。日本人による日本人のための教育を海外で行うことに意味を感じないし、むしろ異国の地にいながら、日本人だけのコミュニティーという殻に閉じこもってしまう原因になる。これでは、せっかく洋行した意味がない。

そのため、多国籍の生徒を集めたインターナショナルスクールに通学するのがいいだろう。ローカルスクールでは語学力がないとついていけないが、インターナショナルスクールなら語学の習得も含め、その年頃に合った教育を施してくれるはずだ。

日本の教育方針に疑問を持って、積極的に海外の教育を取り入れようとする親も、僕の周りで増えてきている。詰め込みや暗記主体の日本の教育は、高度経済成長期においては優秀な人材を輩出する一因となったが、学歴偏重の社会はさまざまな軋轢《あつれき》を生んだ。雇用環境が大きく変化し、以前ほど学歴のありがたみが失われつつあるいま、なによりも自ら考える力こそが重要になっている。そうした能力を身につけさせることを実践する欧州の教育方針は、数々の調査でその優秀性が示されている。

僕たち大人がこれだけ世の中に不安を抱いているのに、子供たちが大人になった近い将来に、その不安が収まっているとはとても思えない。むしろ、不安は増大していることだろう。それならば、子供の行く末を心配する親が、子供の教育のために海を渡るというのもよくわかる話だ。

ただここでも、言葉が障壁になることは事実だ。子供のほうは1年もすればだいぶ慣れてくるが、問題なのは親のほうで、子供と一緒に学ぼうとする姿勢が不可欠となる。教育させるのは子供だけで、自分は日本語の文化圏に留まろうとすれば、さまざまな摩擦が家庭内で起こってしまうだろう。親は子供以上に勉強し、ともに成長していくことが大事だ。

ISSUE!

【ケーススタディ⑦】学生だからこそ使える制度を活用できないか?

現在、学業に専念している若者の場合、まずは語学の習得が大事だ。国際公用語として英語と、できればもうひとつ何かしらの言語を習得すれば、それを海を渡る武器として生かすことができるようになるかもしれない。

若者が洋行する方法として最適なのは、やはり海外留学だ。語学に加え、さまざまな勉強ができ、加えて多感な時期に魅力的な出会いや経験を得ることができる。これは僕の経験だが、学業の場ではそこで出会った人との関係がなによりも重要だ。友人、先輩、先生など、そこでの出会いは、教室で学ぶべきこと以上のものをもたらしてくれる。

その他の方法として挙げられるのが、ワーキングホリデーの活用だ。ワーキングホリデーとは、**1年の間、働きながら自由に異国の地で生活することのできる国際協定制度**のこと。現在日本は、イギリス、フランス、ドイツ、アイルランド、デンマーク、オーストラリア、ニュージーランド、カナダ、香港、台湾、韓国の11ヶ国と締結している（イギリスのみ2年の就労・就学が可能）。**この制度の優れた点は、ごく一部をのぞき、18～30歳までの健康な男女なら、なんら制限なく適応可能というところだ。**

前述したとおり、ビザなし観光や観光ビザでは通常3ヶ月しか滞在できないし、現地で働くことはご法度だ。生活するために就労ビザを取ろうにも、そのハードルは低くない。しかしこの制度なら、働いて収入を得ながら現地で生活するということが特別な資格なく可能だ。また、基本的に1つの国に1回しか行くことはできないが（オーストラリアのみ2回目のビザ取得が可能）、別の国に行くことはできるので、11ヶ国すべて滞在してまわるということも不可能ではない。

ワーキングホリデーは、若い労働力を確保しつつ、異国の地での生活を体験させて健全な成長を果たそうという目的があり、洋行による自己成長を得るのに最適な制度といえる。もし、まだ30歳になっていないのであれば、積極的に検討してみてほしい制度だ。

このほかの方法としては、**ウーフという仕組みがある。**１９７１年にイギリスで発祥したもので、主に有機農業を実践する農家と働き手を世界規模でマッチングさせようというものだ。農家は食事や宿泊場所を提供し、参加者は労働力を提供する。現在では20ヶ国以上にウーフ事務局があり、農家と参加者の募集・マッチングを行っている。

いわゆるホームステイに近いが、ウーフが優れている点は、労働力を対価にして寝床と食事を得られる低コスト性だ。また、**労働ができれば、ワーキングホリデーのような年齢制限もない。**長期滞在を希望する場合は、ワーキングホリデーや就労ビザの活用が必要になるが、数週間や数ヶ月の短期利用の場合は、金銭の授与は一切ないということで、就労ビザ不要で活用することもできるようだ。ただ寝床があるだけでなく、その農家と労働をともにすることで、その土地の文化や空気を一層肌身で感じ取ることができるだろう。事務局のサイト内で情報が回っているため、参加者に対して良くない扱いをする農家は排除される仕組みができている点もいい。

いまの時代、すべての物事は自ら情報を探し出し、精査して実行しなくてはならない。世の中には、まだまだ有益な制度も存在しているだろう。いろいろな可能性を探ってみてほしい。

ISSUE!

【ケーススタディ⑧】どんな荷物を持っていけばいいのか？

海を渡るにあたり、持っていくべき荷物は何があるのか。短期であれ、移住となると巨大なトランク数個分を大仰に持ち運ぶような想像をしてしまうかもしれないが、そのようなことはない。

僕の場合、本当に必要なものは、仕事ではコンピューターと周辺機器、ケータイ、一眼レフカメラぐらい。プライベートでは、発芽玄米炊飯器とトラベルクッカー、アイパッド、そしてわずかの着替えだ。趣味の映画や書籍は、すべて外付けのハードディスクやアイパッドの中に収まっている。以前はキヤノンの小型プリンターを携帯していたが、最近はＬＣＣの搭乗券もアイフォーンの画面で代替できるようになったため、紙を出力する手間がなくなった。必要に迫られても、たいていの都市部ならプリンターサービスを行っているショップがある。デジタルガジェットと違い、衣服はいま以上少なくならないが、洋服や下着は滞在先で購入すればいいのだから、近々入り用な分だけ持っていけばいい。

住宅環境においては、そもそも家具・調理器具つきの物件を借りるのが前提だ。生活用品も、必要あるなら現地で買えばいい。

現地で購入すべきものとしては、ケータイがあげられるだろう。日本のケータイを海外で使っていると、恐ろしい金額が発生してしまうからだ。海外ではパケット定額や家族割引などは適用外で、音声着信であっても、回線使用料を受信側も払わなくてはならない。その料金体系はまさにガラパゴスであり、わざわざそこにお金を落としてあげる必要はない。そのため、現地の携帯電話専門店などで型落ちの機種を数千円くらいで購入し、プリペイドのSIMカードを購入する。SIMフリーのアイフォーンを持っていれば言うことはない。このプリペイドSIMは購入した分だけ利用できるものだから安心できるし、ケータイ本体に差して暗証コードを入れるだけですぐに利用できて便利だ。当然、通話料も現地キャリアのレートが適用されるので、同国内の通話が安くなる。

楽器演奏を勉強したいとか、サーフィンなどのスポーツを楽しみたいとかいうのでなければ、それほど大した荷物は必要ないことがわかると思う。一度、本当に1〜3ヶ月異国の地に暮らすことを考えて、持っていくべき荷物を考えてみてほしい。いまの世の中、アフリカの奥地にでも行かない限り、大抵のものは現地で購入できるから、日本から持っていくしかないものを考えてみれば、思いのほかコンパクトにまとまることがわかるはずだ。僕の感覚からすれば、どれだけ多くてもトランク2個に収まるはずだ。そして、それさえあれば、あとは世界のどの国へでも自由に渡れるのだ。

荷物を極小化することは、物理的にも精神的にも、「いつでもすぐに動ける態勢をとっておく」ことを実現させる。それは、いつ何が起こるかわからない現代において、一層大事になってくる。ここで大きな役割を果たしているのがデジタル技術の存在で、その技術をどれだけ有効活用しているかどうかが重要となる。例えば、空港にいながら格安航空券を予約して搭乗券データを入手できるのを知っていれば事前に航空券を手配しておく手間も省けるというわけだ。世界を渡るのに国際感覚が重要だが、このデジタル感覚とでもいうべきスキルも見逃すことのできない要素だ。変わりゆく時代にキャッチアップするためにも、こうしたデジタルのいまについても着目していたい。

ISSUE!

【ケーススタディ⑨】お金はどれくらい必要なのか?

もっとも気になるのが資金だと思うが、当然渡航先で大きく異なってくる。アジアや中南米などの物価が安い国では月10万円前後、欧米のような先進国では日本と同じ月20万円前後が必要で、その他に宿泊代と航空券代、必要ならば語学学校の費用などがかかってくる。

グローバリゼーションによって登場したLCCは破格の低価格を実現し、世界の人の流れを促進させたが、残念なのは日本がその枠外にいたことだ。ここ最近、ANAがLCCのエアアジアと共同出資した合弁会社を設立したり、「ピーチ・アビエーション」という名のLCCを新設するなどの動きを見せているが、日本人に衝撃を起こすほどの低価格を実現してくれるかは疑問だ。JALもカンタスグループや三菱商事と手を組んで「ジェットスター・ジャパン」を興したが、世界的に見て高級路線といえるJALが手がけるLCCから画期的な低価格設定の路線は生まれないだろう。そのため、日本から海を渡るための費用はなかなか抑えられないのが現状であり、残念なことだ。しかし、中国の春秋航空など、日本の地方空港に就航している国外のLCCを利用し、一旦国外に出てから乗り継ぎを駆使することにより、目当ての国まで格安便で向かうことも可能なので、徹底的にルートを調べてみてほしい。

また余談だが、僕は路線を調べるのによく「スカイスキャナー」というサイトを使い、直接各LCCのインターネットサイトで航空券を買っている。このような買い方をするとマイレージはあまりつかないが、近年、前もってスケジュールが決まっている移動以外は、肝心なときにマイレージが使えないことが多いと実感しているので、かつてほど執着しないようになってきたからだ。大手アライアンスに加盟しながら、LCCに対抗すべく安価なチケットを出している航空会社も増えてきた。スペインだとイベリア航空がそうで、安価ながらワンワールドのマイレージを貯めることができる。便利なので、機会があればぜひ活用してほしい。

ほかには海外での万一を考え、海外旅行保険を検討する人もいるだろう。僕の場合、通年で入っている保険もあるが、第一には使用しているクレジットカードに付帯している保険内容を再確認することを勧めたい。そこに付いているものだけでは不十分という意見もあるが、まずはそこでカバーできる項目を確認したあと、足りないと思える部分を別の保険でまかなえばいい。**なお、海外で病気や怪我をして病院で治療した場合も、日本の国民健康保険が適用される。**金額は日本の診療報酬が基準となることや、日本で許可されている薬剤や治療法にしか適用されないこと、煩雑な書類を用意しないといけないことなど苦労も多いが、よっぽどのことがない限りは心配する必要はないだろう。

国によって異なるが、大抵の主要都市ならクレジットカードが普通に使えるので、多額のキャッシュを持っていく必要はない。トラベラーズチェックはセキュリティー面で安心だが、いまや手間に感じる。主要都市銀行に口座があれば、国際キャッシュカードを発行しておけば、海外のATMから現地通貨を引き出せるので便利だ。両替レートはあまり良くないが、日本にいるのと同じ感覚で現金を引き出すことができる。カードや現金を紛失するなどした場合には、国にもよるが現地の主要銀行を通じて、自分のパスポート番号を届け先として日本の家族や友人からの海外送金を受け取るという奥の手もある。

海を渡るには確かにまとまった金額は必要だが、少し趣味に費やす出費を我慢すれば、手に入れられる金額のはずだ。海を渡れない理由がお金にあるという人は、そう多くはないのではないかと常々思う。あくまで、本人の意思が大事だ。

ISSUE!

重要なのは外へ出るという度胸だけだ！

海を渡るための方法や必要なスキル、モノなどを紹介してきたが、そこでわかるとおり、乗り越えるべき障壁はそれほど高くないものばかりだ。資金など、一見難しそうに思えるものでも、きちんと計画して実行できれば、**何年もかからずに達成してしまうだろう。もし、障壁が高いように見えているのなら、そうさせているのはあなた自身の心だ。**その障壁を間近から見上げすぎて、やたらと高く感じているに過ぎない。距離をおいて背筋を伸ばし、高さをきちんと目測すれば、思いのほか軽々と乗り越えられるのがわかるはずだ。

乗り越えた先には、広大な海が広がっている。

不穏さが増している現在、壁の内側の空気はどんどん濁っていくばかりだ。**いつかはその壁を乗り越えていこうと考えていても、いつのまにかしがらみという糸が絡みつき、体を重くしてしまうだろう。**どうせ窒息するならみんな一緒に、とでもいうように、壁を乗り越えようとする人を阻止しようという空気感も高まるかもしれない。

この国が芥川龍之介の『蜘蛛の糸』の世界になってしまう前に、動ける者から行動していこう。

CHAPTER

4

高城剛的オススメ海外スポット

TSUYOSHI TAKASHIRO

ISSUE!

ニューヨークでのはじめての長期滞在

これまで海を渡ることの勧めをさんざん説いてきたが、ここで僕自身のことについても触れたいと思う。はじめて海外に長期滞在したのは1987～8年、僕が大学三年生の頃だった。

選んだ都市は、ニューヨーク。当時のこの街は僕にとって完全な未来都市で、事前に仕入れていた情報どおり、音楽もファッションもアートも、すべてのカルチャーの最先端がここにあった。特に夜のニューヨークは、人種も肩書きも関係ないすべてがフラットな世界が広がっていて、僕はすぐに魅了されてしまった。

最初はお試しのつもりで1週間のみの滞在だったが、革命的な衝撃を受けた僕は即座に長期滞在する計画を立て、帰国後数ヶ月して再び渡米し、1ヶ月の間ニューヨークに滞在した。その後も数年を経て、さらに数ヶ月あの街に滞在している。その間にもアジアやヨーロッパの各都市を巡ったが、どうしてもニューヨークの魅力を忘れられなかった。それくらい、おもしろい街だったのだ。

ニューヨークの生活を満喫すべく、僕は賃貸アパートを契約して長期滞在に備えた。英語は決して堪能ではなかったが、独学で覚えていった。そんな状況だから電気や水道を契約するのも一大事で、突然電気がつかなくなっては管理会社に電話で問い合わせることになるのだが、なかなかにこちらの意思が伝わらないし、伝わったとしてもすぐに対応してくれない。あまりの寒さに、賃貸契約した部屋の中でテントを立てていたときもあった。いまとなってはいい思い出だ。

渡航や滞在にかかる費用は、それまでの蓄えに加え、仕事の絡みで捻出することができた。僕は大学生であった当時から映像の仕事をしており、ニューヨーク市内でスパイク・リーの弟であるサンキ・リーと一緒にメンズビギのコマーシャルを撮ったり、情報番組「USAエクスプレス」のスーパーバイザーとして制作に携わったり、「11PM」に出演したりすることで、費用を生み出した。当時は1ドル160円程度で、生活にかかる費用は決して安くはなかったが、日本はバブルだったこともあり、仕事には事欠かない時代でもあった。

ニューヨークでの暮らしはとても刺激的で、良くも悪くも現地に溶け込む能力があった僕は、夜のクラブに集まってくる連中と懇意になっていろいろな経験を味わうことができた。まだインターネットも登場していない時代だったが、コンピューターの最先端技術を持ったハッカーたちも数多くいた。その多くは起業家として成功したか、FBIに捕まるかしたようなヤツらだった。真夜中、赤信号でクルマを止めると襲撃されるエリアがあることも教えてもらったし、拳銃の音が聞こえない夜はなかった。街のゴロツキたちが、日曜日になるとパンとスープを求めて教会でゴスペルを歌っているところも見た。何もかもが、新鮮だった。

このニューヨークで得た体験が、今日の僕の礎になっている。

ISSUE!
僕が海外で生活することを決意した理由

日本へと戻ってからは、ニューヨークで刺激を受けたクリエイティビティーを発揮し、テレビを中心にコマーシャルやテレビドラマの制作に携わった。それからは度々海を渡ることも多くなり、90年代には、ウィンドウズ95の登場というコンピューター時代の黎明をカリフォルニアで間近に感じたりもした。それから瞬く間にIT革命がはじまり、2000年代前半にかけて一時代を築いたのはご存知のとおりだ。そのムーブメントの渦中にいた僕は、デジタルが見せた無限の可能性に心酔していった。

同時にグローバリゼーションの流れも起こり、その波に乗るようにして、僕の活動範囲も世界へと次第に拡大。東京、北海道、西表島を主な拠点として、世界からやってくるクライアントに満足のいく作品を提供することを仕事にしていた。

しかし、あの9・11世界同時多発テロが、僕にものすごい衝撃をもたらした。形あるものはやがて失われるという事実をたたきつけられたと同時に、あらゆる情報をデジタル化すればすべてがハッピーになると思えたITの世界が、幻想に過ぎないと気づかされたのだ。あの日、僕の中でアメリカとデジタルが失われた。デジタルが見せたバーチャルの世界から、リアルワールドへと強制的に引き戻された感覚だった。

それ以降は、真贋《しんがん》のわからない情報が集まるインターネットからは距離をおき、信頼できる人物や書籍などを通じて世界情勢を勉強しはじめることにした。そうする中で、グローバリゼーションが内包するさまざまな問題点も目につくようになり、危険を無視できなくなっていった。仕事の方は9・11以降も順調であり、グローバリゼーションのおかげもあって世界中へと拡大していったが、同時にレバレッジをきかせたデリバティブ取引による仮想経済が、はちきれんばかりに膨張している現状も感じ取ることができた。

これまで述べてきたとおり、このまま日本に留まっていては良くないことが起こると直感した僕は、生活のスタイルを大きく転換する決意をする。それが、**長期の定住場所を持たずに世界を回る「ハイパーノマド」だった。**

ハイパーノマドとは、フランスの経済学者で同国政府のブレーンでもあるジャック・アタリが提唱した21世紀のライフスタイルのひとつで、彼は今後、**国を越えて稼ぎを得る非定住者と国を出ることができずに貧困に過ごす定住者とに世界は分かれる**といっている。現在の日本を見てもわかると思うが、いまやビジネスは国内だけを見れば済むものではなくなった。特に理由なく国内という枠組みだけに固執すれば、自ら市場を縮小しているようなものだし、特に少子高齢化が進む日本市場だけを注目していても、あまり明るい未来は描けない。

そして僕は、再び日本を出る決意を固めた。日本を拠点に各地を訪れるのではなく、世界各国を渡り歩くのだ。そのため、9・11が起きた2001年から2007年までの約6年をかけ、ハイパーノマドのライフスタイルを実行すべく、モノを捨てることにした。

ISSUE!

モノを捨てて僕は何を得たのか

2000年代の中頃まで、僕は排気量が多いポルシェで街に繰り出し、夜な夜なクラブで遊びまわり、コンビニや深夜営業店で腹を満たすような生活をしていた。ウォーホルの巨大なアートピースを自宅の壁に飾り、一角には大量に買い占めたレア物のスニーカーが山積みになり、洋服もシーズンごとに100万円単位で新作を購入していた。ライブラリーは大量の書籍やCD、DVDで埋まり、いつも保管スペースの確保に追われていた。

いわゆる「ストック型」の生活をしていたわけだ。しかし、これだけの財産を持って世界を転々とすることは不可能だ。これからの時代を生きるには、「フロー型」で生きる衛星的な生活への切り替えが必要だった。

書籍やディスクメディアのほとんどはデータ化し、スニーカーや洋服などは、友人にあげたり捨てたりしてほとんどを処分した。すべての準備が完了するまでに6年の年月がかかってしまったが、広大なスペースに山積みされていた僕の財産は、最終的にはスーツケース4つの中に集約されることになった。コンピューターが非力でインターネットも現在のように普及していなければ、ここまで集約できず、いまのような生活は実現できていなかっただろう。デジタルの恩恵には感謝せずにはいられない。

財産の整理は、自分にとって大切なものは何かを自問する過程でもあったが、そこで感じたのは、20世紀的な固定観念との決別だった。レアなスニーカーやレコードを収集するという行為は、アメリカが世界にまき散らした20世紀の価値観であり、すでにその時代は終焉へと向かっている。少し前までその価値観にドップリと浸かっていたときには、それがすばらしいことだしカッコいいことだと信じていたが、時代は変わったのだ。
新しい価値観に柔軟に対応することに、自分を曲げる、変節するといったマイナスイメージを持つ人もいるかもしれない。しかし、一瞬にして世界の様相が変わってしまういま、変化に対応できないことは美徳になり得ない。ひとつのことを貫く「こだわり」はよい意味で使われることが多いが、変化を嫌い、前世紀で培った価値観に固執するという意味で使われるのなら、とてもカッコいい言葉とは思えない。

ともかく、9割以上の財産を処分したら、なによりも気分が軽くなった。モノも情報もなくなれば、あとは得るだけだからだ。

2008年はロンドンのナイツブリッジ、2009年はバルセロナのボルン地区、2010年初頭はオーストラリアのバイロンベイなどをベースキャンプとしつつ、それ以外の都市にも積極的に滞在し、世界の動静を自らの目で確かめるようになった。自然再生エネルギーについて知りたければドイツに行くし、現在の金融業界について知りたければニューヨークのウォール街やロンドンのシティに足を運ぶ。現地へ行って自分でなにかを感じ取るとともに、そこで働くその道のプロの友人から話を聞くようにしている。また、仕事にちょっとした合間があった場合など、自分が一度も行ったことのない都市に積極的に足を運んでいる。そこにはいままで味わったことのない経験があるだろうし、なによりエキサイティングだからだ。

ISSUE!

理解者のいなかった2007年、理解を得られた現在

こうして、僕のハイパーノマドライフは2007年から本格的にスタートしたわけだが、当時はサブプライムローン問題が勃発する前だった。誰もいまのような深刻な世界同時不況が襲うとわかっていなかった頃だ。だから、なぜ僕が財産のほとんどを処分し、日本を出て世界へ渡ろうとしているのか、理解しようとする人は少なかった。しかしその後、サブプライムローンによるアメリカの住宅バブルがはじけ、リーマンショックが世界に衝撃を与えるようになると、だんだんと僕が目指していることを理

解する人が増えてきたように思う。僕が日本を出た2007年は、まだそこまで景気は悪くなかった。だからこそ、踏ん切りがつきやすかったともいえるだろう。それから年月を追うごとに、日本を取り巻く情勢は悪くなるばかりだ。出る杭を打ち、しがらみを遵守させようとする日本社会においては、景気が悪くなるほど動きづらくなるように思う。

またハイパーノマドといっても、何も特殊なことをしているわけではない。ただクライアントが世界中にあり、自分が帰る場所も定期的に変わるというだけだ。ファーストクラスに乗ってワインを飲みながら、悠々と世界を渡り歩いているというイメージを持たれていれば、それは間違いだ。航空機内にノートPCと大量のバッテリーを持ち込んで映像の編集作業を行い、到着後もそのままスタジオへ直行し、完成するまで一歩も外に出ないということもある。それが日本国内か、海外かというだけだ。ただ、ハイパーノマドは社会情勢の変化によってクライアントや滞在先のあった国のひとつが失われても、次は別の国とかかわりを持てばいいが、クライアントも滞在先も日本しか選べない人は、万一があったとき、身動きがとれなくなるだろう。

また勘違いしてほしくないのは、僕は日本を見捨てたわけでも、そこから逃げたわけでもないということだ。大切なのはあたり前だと思ってきた「日本的システム」から一度離れてみることなのだ。僕はクリエイターとしてさまざまな業界と関わる中で、1997年から10年間、総務省情報通信審議会専門委員として霞ヶ関で仕事をしていた。国家のためにできることはすべてやろうと、放送や通信の融合、著作権の取り扱い方、e-Japan戦略、次世代交通網など、さまざまな政策について提言してきた。その霞ヶ関での10年間で、僕は日本の古いシステムの問題点を痛感できたし、官僚一人ひとりは実に優秀でも、組織の中で能力が生かせなくなっている実態も理解できた。政治的なしがらみのない僕は、本当によいと思えることだけを提言したつもりだが、同時に政治的な力もないためか、思うように議会を動かせなかったのも事実だ。日本の古いシステムを動かせるのは、第2章でも述べたとおり、システムの外側にいる人間。すなわち、外国勢力か、洋行によって先見の明を得た日本人だ。僕は10年国家のために働いた後、さらによりよい国へと導くための力を手に入れるべく、洋行すべきだと決意した。いつか、再び日本へと戻ってきたとき、世界を巡って手に入れた経験を生かすために。

そして現在は、世界のいくつかの国で会社を経営し、そこで映像や音楽を作ったり、文章を書き、メディア関連企業や環境と観光業の仕事を請け負ったりしている。年間、30ヶ国以上は訪れているだろうか。これまでの総移動距離は考えたこともないが、地球100周はゆうに超えているだろう。

なにより僕は、世界中を巡るのが楽しくて仕方ない。人間は生来、個人の自由の獲得を求めてきたが、好きなときにどこへでも動けるというのは、これ以上ない自由だからだ。それに人類は、6万5000年前から世界中を移動してきた動物だ。人類が定住しはじめたのはわずか数千年前からの話。だからこそ、定住先を持たずに移動していると、人間の根源的な感覚に近づけそうで、それがすごく楽しい。

いきなり非定住者になれとはいわないが、1ヶ月でも異国の地で滞在してみる経験を味わえば、僕がいっていることがなんとなくでもわかるかと思う。

ISSUE!

高城的国選びのポイントとテクニック

では、日本を出てどこの都市へと向かうのがいいのだろうか。僕のこれまでの経験を踏まえ、いくつかヒントを示したいと思う。

第一には、**やはり目的意識を持ち、それが達成するのに最適な都市を選ぶようにすることだ。**

英語を学ぶにしても、腰を据えてじっくり習いたいならイギリス、短期集中でお手軽に済ませたいならマルタやフィリピンがある。新しい表現を求めるならバルセロナの人気が高いし、大きなスペースを必要とする絵画や彫刻なら物件を安く賃貸できるベルリンがいい。アートをビジネスに活かしたいならニューヨークだろう。金融業界を知るにも、世界情勢の現状を知るにも、ニューヨークが最適だ。アパレルのデザイナーを目指していて、テーラリングぐらい学んでおこうと思うならロンドンに行けばいい。手に職をつけようと、ソウルで韓国マッサージを学ぶというのもアリだ。

海外で滞在してみるというだけでも一定の経験を積むことができるが、何かしらの目的を持っていたほうが滞在期間中の生活にハリが出るし、より充実したものになるだろう。それに、さすがにアフリカの奥地だったら、そう簡単にビジネスチャンスは見つからない。事前に情報を仕入れ、自分の目的を達成できそうな都市を選びたい。
そのためには、信頼のおける人物から話を聞いたり、インターネットや書籍などから有益な情報を手に入れる必要がある。

日本にいながら手に入る情報としてお薦めしたいのは、アメリカのCIAのサイトにある「The World Factbook」だ。そのサイトの運営元からわかるとおり、情報の正確性に疑いはないし、更新スピードが早く、なにより閲覧者にわかりやすく解説されている。日本の外務省のサイトでも各国の情報が記載されているが、まるで教科書のような情報の羅列からは、その国がどのような雰囲気で何で賑わっているのかをうかがい知ることはほとんどできない。その点、CIAのサイトで掲載されている情報は細かく、その国はどのような産業で賑わい、どのようなレベルの暮らしをしているのかがわかる。当然英語で掲載されているが、英語が苦手だという人は、翻訳機能を利用してまるごと日本語に訳してしまえばいいだろう。十分にニュアンスを汲み取ることができる。

また、これは僕の持論だが、**年間トップ10に入った音楽や映画がその国の「楽しさ」を測る指標になると考えている。**自由な表現を求め、それが売上に反映されているような国は、経済や景気は別としても、人々の間に楽しさや活気があふれているからだ。そのため、最新のムーブメントを積極的に受け入れていたり、異国の多彩な作品がランクインしているような国は、市民に活力があると思う。

ちなみに、日本のトップチャートはどうだろうか。２０１０年の年間トップ10を見ると、嵐とＡＫＢ48しかいない。音楽アーティストと呼ばれる人々もそこにはいないし、数年前までチャートを席巻していたような大御所も姿を消した。日本の音楽シーンは、音楽性よりも「若さ」のようなものを売りにするキャラクター産業のように変化してしまっており、そこから「楽しさ」は感じられない。

ともかくも、インターネットですぐにお目当ての国のトップチャートを調べられるだろうから、ぜひチェックしてみてほしい。

あと、海外渡航先を選ぶ基準としては「世界都市」のランキングもひとつの参考になるだろう。一定の基準をもとに、どれだけグローバルな国際性を持っているかを格付けしたもので、最近では2011年9月にイギリスのシンクタンク「グローバリゼーションと世界都市研究ネットワーク（GaWC）」が発表した。最高ランクの「第一級世界都市++」にはロンドン、ニューヨークが入り、その次の「第一級世界都市+」に東京、香港、パリ、シンガポール、上海、シカゴ、ドバイ、シドニーというように、なじみのある都市名がランクインしている。各都市の特徴はさまざまだが、世界都市であるほど外国人を受け入れる意識が高く、公用語として英語が通じる可能性が高いといえるだろう。いくら明確な目的があっても、言葉が通じなければ現地での生活は難しい。世界で英語が公用語となっているのは事実だが、それでも都市部を離れれば現地語しか話せない人ばかりという街も多い。そのため、世界都市ランキングの上位にあるほど、洋行のハードルは低いといえるだろう。

滞在を実行する前、お試し的にその都市を観光する機会があったのなら、注目すべきは街を歩く人々の表情だ。明るいか暗いか。上を向いているか下を向いているか。

それを見るだけでも、都市の様子がだいぶわかってくる。台北やバンコクなどは、若者が多いしみんな笑っている。東京は表情が暗いし、そもそも街を歩く人が減っている。

また電車内や街頭に表示された広告からも、経済動向をうかがい知ることができる。もちろん、行ってはじめてわかることもたくさんあるから、情報を完璧に仕入れようと思ってもはじまらない。可能な限り自分にピッタリな滞在先を探し、直感も大事にして、ベストな選択をしてほしい。

次からは、僕の経験をもとにした各都市ごとの情報と感想をまとめている。ひとつの参考にしてほしい。

ISSUE!
高城的各都市紹介

≫ニューヨーク
経済から文化まで、世界の中心地

国名	アメリカ
人口	8391千人／邦人 44819人
通貨	ドル
時差	14時間
言語	英語、スペイン語など
気候	春・秋が短く、寒暖の差が大きい大陸性気候。夏は蒸す一方、冬の積雪量も多い。1月：-4～2℃　7月：22～32℃

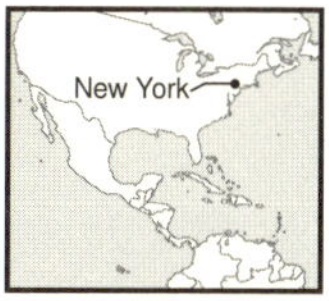

人種のるつぼであるアメリカにおいて、経済も文化も、すべてが集約している都市といえば、ここをおいて他にない。トップクラスの世界都市であり、海外滞在経験がまったくない人でも、生活することにそれほどハードルは感じないだろう。

特に世界的な金融モデルの中心地であるウォール街があり、世界の経済の最先端を間近に感じるにはもっとも適した都市といえる。金融以外にもさまざまなビジネスチャンスを求めてやってくる者が多く、新しい経済の息吹を感じ取ることができるという点で、起業家精神に富む人にお薦めだ。２０１１年に「ウォール街を占拠せよ」のデモ活動がこの街からスタートしたことからもわかるように、時代の転換期もまっさきに起こる。世界を大きく揺るがすような金融激震も、いつかここから起こるだろう。

また文化面でいえば、僕が実際に滞在していた80年代は、アメリカンストリートカルチャーやポップアートの全盛期であり、世界で最先端のアートが存在していた。しかし、この街から芽生えたたくさんのクリエイティビティーの中からアメリカが選択したのは、お金になる文化だけだった。そのため、広告や雑誌の世界で活躍するカメラマンやヘアメイク、デザイナーといった職種は世界の一流どころが勢ぞろいしているが、まったく新しいアートを生み出そうというクリエイターにとっては、いささか生きにくい街になってしまっている。もちろん、前出の職業を目指している人にとっては憧れの街であり、一流のプロたちの弟子を希望する若者であふれている。

碁盤の目のようなマンハッタンは、交通網が発達しているし、自分の足で歩けばたくさんの見所を見つけることができるだろう。ＪＦＫ空港ができたおかげで廃れたハドソン川沿いの倉庫は、ハウスミュージックを生み出すクラブスペースとして一世を風靡《ふうび》したし、もともと肉食加工工場だった「ミートパッキング・ディストリクト」は、いまやオシャレなスポットとして知られるようになった。１００年以上前の古い石畳が残っている通りもある。ここ数十年に限っても、街の様相が大きく変わっているのもニューヨークの特徴といえるだろう。

僕個人としては、これから数年はアメリカと距離をおこうかと考えている。たまに仕事で訪れるには楽しい街だが、9・11以来、ビザの取得は年々厳しさを増し、移民を排斥しようとする動きは高まっているし、ティーパーティーが幅をきかせてナショナリズムも台頭してきたからだ。僕が過ごした80年代とは、だいぶ変わってしまったと感じる。

しかし、その一方でこうも言われている。「パリに10年住んでもパリジャンにはなれないが、ニューヨークに10年住めば、ニューヨーカーになれる」と。ナショナリズムは高まっているが、やはりこの国は移民の国であり、実力と運を手にする者には相応の成功をもたらしてくれることに変わりはない。タイミングさえ間違えなければ、ニューヨークに滞在することでたくさんのよい刺激を受けることができるだろう。

ロサンゼルス
エンターテインメントとITの聖地

国名 アメリカ
人口 3831千人／邦人 431147人
通貨 ドル
時差 17時間
言語 英語、スペイン語など
気候 地中海性気候のため、一年を通して晴天に恵まれる。夏は高温だが湿度は低い。
1月：9～21℃　7月：18～27℃

ニューヨークに次ぐアメリカ第二の都市であるロサンゼルスは、この地にあるハリウッドと北カリフォルニアにあるシリコンバレーという、エンターテインメントとIT、２つの巨大なソフト産業をつなぐことでも知られている都市だ。そのため、映画や映像制作、脚本、演技といったものを学ぼうとする志望者から、IT技術やビジネスのヒントを求めるエンジニアや起業家までが、この街に続々と集まってくる。その存在感は今日でも世界随一であり、いずれの分野でも世界を目指しているのなら、この街を訪れないわけにはいかないだろう。

また、西海岸特有のサーフカルチャーもあり、そこに興味を覚える人もいると思う。なによりこの街がすばらしいのは、地中海性気候なので年間３００日は快晴なことだ。屋外での撮影がしやすいからこそ、ハリウッドがこの地に誕生したわけでもある。

僕は1992年から約1年間、この街に住んでいたが、この陽気な気候の中でクリエイティブな仕事ができるのは、本当に最高だった。

しかし、現在のロサンゼルスに問題がないわけではない。

まず国境が近いメキシコからの移民が多く、事実上スパニッシュの街になりつつあり、移民の増加に伴って治安が悪化している。もともと犯罪発生率の高さで悪名を轟《とどろ》かせていたが、なかなか改善するには至っていないようだ。ロサンゼルスを含みカリフォルニア州の南部全体が、人種も風土もメキシコに近づきつつあるように思える。

またカリフォルニア州自体が財政破綻状態にあることからもわかるように、経済状況は芳しくなく失業者も多い。

交通渋滞のひどさも有名だ。ロサンゼルスは街の中心部がハブになっており、どこを通るにも中心部を抜けていかなければならない。人口が密集した現在は慢性的な渋滞になっており、解決の目処は立っていない。アメリカはクルマ社会だから、50キロ近く運転して通勤するのはザラだが、毎日こう渋滞ばかりではストレスもたまるというものだ。

こうしてみると、誰にでもお薦めできるとはいい切れないのだが、この街でしか得られない経験というのもたくさん存在しているといえるだろう。

» ロンドン
イギリス人の順応性や力強さを肌で感じる

国名 イギリス
人口 7619千人／邦人 28523人
通貨 英ポンド
時差 9時間
言語 英語など
気候 高緯度の割りに温暖な西岸海洋性気候。一年を通して雨天、曇天の日が多い。1月：2〜7℃　7月：13〜21℃

ヨーロッパ随一の世界都市であるロンドンは、金融街のシティを中心に、世界のグローバリゼーションを長らく牽引してきた。近年、前世紀のようにふたたび大英帝国が世界に覇権を唱える時代が到来し、アメリカのように物質的な富で満たされるようになっていったが、リーマンショック以後、凋落する都市の急先鋒になったのはご存

知のとおりだ。

しかし特筆すべきは、イギリス人の順応性だろう。天国から地獄へとばかりに景気は急旋回したが、実はヨーロッパというのは第一次世界大戦以降ずっと不況の空気に覆われてきており、その状況下での生き方が生活に根付いている。狭い街中を高級車で乗り回していたところを公共交通や電気自動車に切り替えたり、大規模農場や大手資本のもとで生産していた農作物や食肉よりも有機農法によるオーガニックを良しとするように変えていった。90年代後半からの好景気はバブルであり、それがはじけたいま、ロンドン住民はすぐに元の姿へと戻ることにしたのだ。アメリカナイゼーションによる幻想からの脱却といえるかもしれない。

僕は2008年に約1年間ロンドンに滞在していたが、そこではイギリス人の挑戦的な気風を学ぶことができた。世界でもっとも海外へと出ている民族であり、すごくパワフルだ。バブルがはじけてまもなく、蔓延するアメリカナイゼーションに抵抗するかのように、休日にはオーガニック農法で生産されたマーケットが大々的に開催されるようになるなど、次の動き出しが早いし力強い。また、国家ブランディングという卓越したプロモーションによって、この国にあるすべての資源を有効的に海外へと売り出す手法も大変勉強になった。この街に住み、市民や行政の動きをしっかりと注視すれば、そうした数多くのものを得ることができるだろう。個人的にはあまりお薦めしないが、金融について学ぶのもいいと思う。

また、子供からお年寄りまで海外旅行を楽しむ世界随一の国であるだけに、ＬＣＣや各種インフラがもっとも発達している点も見逃せない。この街を起点としてヨーロッパ各地を楽しむという、ハブ＆スポークな楽しみ方をするのにもぴったりだと思う。

さらにこの街は、２０１２年にオリンピック開催を控えている。そのため、ピカデリーサーカスから地下鉄まで、あらゆる場所を大改装している最中であり、街全体が活気づいている。オリンピックが終わった後も、その勢いは緩やかに残るだろう。

問題なのは、天気が悪いことだ。いつもどんよりしているから、ジッとしていると憂鬱な気分になってくる。しかも最近は気象変動の影響からか、冬の季節がとても寒くなっていて、大雪が降るようなことも増えてきた。街の設計がそこまでの雪害を想定していないため、空港や電車などのインフラがストップしてしまうケースが増えている。夏の季節でも、夕方過ぎからはコートが必要になるときもあるくらいだ。今後、無視できないほど大きな問題となるに違いない。

ベルリン

進化を続けるドイツ最大の都市

国名　ドイツ
人口　3431千人
通貨　ユーロ
時差　8時間
言語　ドイツ語など
気候　大陸性気候で夏は乾燥冷涼。比較的温和だが、冬は厳しい寒さが長く続く。
1月：-1～4℃　7月：14～22℃

ベルリンは今日のヨーロッパを支えているドイツ最大の都市だ。経済的にはフランクフルトが中心だが、東西にわかれていた名残をいまなお残すこの都市には、まだまだ発展の余地が大いに残されており、たった数年でも見違えるように変化する。
新しいものを積極的に受け入れようというウェルカムな土壌があり、インディペンデントなファッションデザイナーなど、先進クリエイターたちが自然と集まってくるのがおもしろい。首都でありながら、旧東側の土地がヨーロッパの主要都市の中でも

ダントツに安価なこともあり、広いアトリエが必要な彫刻家や美術家も進んでベルリンに拠点を構えている。また、ベルリンはヨーロッパのＩＴ産業のひとつの集積地でもあるため、先端のコンピューター技術と音楽という表現のミーティングポイントとなり、優秀なＤＪも数多く輩出している。そうした、多分野のクリエイティブな刺激を味わいたい人には、たまらない環境といえるだろう。

また、ドイツは脱原発を推進し、クリーンエネルギーの導入を図っていることでも有名だが、ベルリンから30分ほど車で郊外に走ったところには、消費エネルギーより自然エネルギー生産のほうが上回っているバルニム郡というエリアがある。太陽光や風力発電などを取り入れているモデル地域で、次世代エネルギーを考える上でも興味深い場所といえるだろう。ドイツの環境政策がすばらしいのは、技術だけでなく、経済的にも成立させて雇用を生み出そうとしている点で、実際に住んでみるとそうしたことを実感することができる。もちろん、自然環境そのものも最高だ。

このほか、バイオダイナミック農法など、ドイツ生まれの面白い農法も存在しているので、そうした農法を学ぶこともお勧めしたい。

ただ、ベルリンの最大の問題は、冬が寒すぎることだ。10月から3月くらいまで、暖房が必須だ。寒いのが苦手な人だと、いろいろと動きが悪くなってしまうだろう。かくいう僕も、ベルリンには夏の間の2ヶ月くらいしか住めなかった。ベルリンに行こうと思っている人は、防寒対策を万全にしてほしい。

バルセロナ
アーティストが集まるリゾートのような観光都市

国名 スペイン
人口 1621千人
通貨 ユーロ
時差 8時間
言語 スペイン語など
気候 一年を通して温暖で、雨の少ない地中海性気候。高温の夏でも、湿度は低い。1月：6～13℃　7月：20～26℃

世界を回った中で、僕が自信を持ってお薦めできる都市のひとつが、このバルセロナだ。

なにより地中海性気候で、年300日は晴れており、リゾート地のように陽気だ。

ヨーロッパの中でも南に位置しているため日照時間が比較的長く、昼間の時間を長く楽しめる。日差しが強いため、外を出歩いているとすぐに肌が焼けてしまうほどだが、そうした陽気や過ごしやすさに惹かれ、ドイツを始めとするヨーロッパ諸国から頻繁に観光客が訪れている。週末になると、観光客相手に路上でギターを引く住民が現れ、それだけでも結構な額の投げ銭を稼げて、暮らしていけるという雰囲気がある。僕が見た中で驚いたのは、服を着させた数匹の猫を観光客に見せて稼いでいたおばさんだ。そのようなものでも投げ銭が集まっていた。バルセロナの人口は160万人ほどで、街の規模もさほど大きくはないコンパクトシティなのだが、年間で700万人以上の観光客が訪れていることで、常に街が活性化されている。

物価も驚くほど安く、街中のオシャレなデザインホテルで朝食のセットを取っても4ユーロもしないし、超高級とされるレストランのフルコースでも100ユーロを越えることは稀だ。食料需給率がものすごく高いこともあり、マーケットでオレンジを買えば、気のいい店主がおまけで数個追加してくれたり、大量のミントをつけてくれたりする。街に住む人もおおらかだ。

外から新しいカルチャーが流れ込むことにも寛容だから、自然と多くのクリエイターが集まっているということも関連しているし、地域政府の方針としても、そうした外部からの流入を促進していることがうかがえるので、クリエイターにとってとても過ごしやすい街なのだ。音楽シーンでいえば、10年前はイギリス、5年前はベルリンがおもしろかったが、いまはこのバルセロナがもっとも熱いと思う。「ソナー」という街型のフェスティバルもおもしろい。

最近ではアートやエンターテインメントだけではなく、MBAなどの資格を取得できるビジネススクールも増えてきている。リゾート地のような魅力的な環境に不抜けてしまわなければ、あなたにとって勉強も遊びも心ゆくまで堪能できる理想的な街になるだろう。

スペインは国家破綻が懸念されており、若者の完全失業率は高く、その影響はバルセロナにも及んでいる。しかし、失業中も社会保障が手厚いため、すぐにお金に困るような事態にはならず、なにより国の運命は自分自身の生き方とは別問題と考える住民がほとんどなので、悲観的な考えを持つ人は驚くほど少ない。もちろん、バルセロナが今後何十年もすばらしい街でい続けられるかは僕にもわからないが、現時点において最高レベルにあるのは間違いない事実だろう。

この街で暮らしだして、もう3年以上も経過してしまった。そろそろ別の街に移ろうかと考えているが、なかなかここよりいい街が見つけられない。

≫サンセバスチャン
次世代の地方都市モデルがここにある

国名 スペイン
人口 183千人
通貨 ユーロ
時差 8時間
言語 スペイン語など
気候 地中海性気候。標高が高く寒暖の差が大きい。
1月：6〜11℃　7月：16〜22℃

1週間ほどしか滞在した経験はないのだが、18万人ほどの人口しかないこの小さな街もお薦めしたいと思う。
驚くことに、ミシュランの三ツ星レストランが4軒も存在しているのだ。もともと海の幸や山の幸が豊富な土地だが、食の産地としての魅力を上手にＰＲしたことで優れたレストランの誘致に成功している。特筆すべきはＰＲの部分で、街の特徴を内外

に知らしめるプレゼンテーション能力にとても長けているのだ。

日本にも、「うちの街で獲れる魚は抜群に旨い」などという地方の街はたくさん存在しているし、事実なんだろうと思うが、その1点だけで終わってしまっていることが多いように思う。その特産品を上手に加工してくれる企業を誘致したり、観光客を呼び込むツールへと成長させなくてはならない。サンセバスチャンは、その成功例として注目に値すると思っている。

この街を語る上でキーワードとなるのが、ローカルだ。特定の産業だけで町おこししようとするでも、無理をして近代都市を目指すでもなく、もともとあったローカル色をとことん突き詰めようとしている。レストランがミシュランに評価されたのは、この街にあるローカルな食材をしっかりと生かしたことだった。また、この街を含むバスク地方は、スペインという国の一地方ではなく、あくまで「バスク」というコミュニティーを強く意識しており、サッカーのリーガ・エスパニョーラでも、バスク地方の名門アスレティック・ビルバオは地元のバスク人のみで構成されているという徹底ぶりだ。強豪となるために、レギュラーメンバーのほとんどが外国人になることも珍しくないご時世において、このローカル性を貫く姿勢はすごい。

僕は、これからの地方都市が目指すべきモデルがこの街にあると感じている。これまで世界に評価されてきた都市の多くは、経済都市ばかりだった。しかし今後は、こうしたローカルという特色を優れたプレゼンテーション能力で提案できる都市が、生き残っていくのだと思う。地方都市の在り方を知りたい人は、ぜひ一度訪れてみてほしい。

» パリ

価値観の変化によって転換期を迎える

国名	フランス
人口	2193千人／邦人8564人
通貨	ユーロ
時差	8時間
言語	フランス語など
気候	北大西洋海流と偏西風により温和な気候。夏は湿度が低く過ごしやすいが、冬の寒さは厳しい。1月：2～6℃　7月：13～22℃

華やかな文化都市として世界を魅了してきたパリ。現在でも多数のハイファッションブランドが集まり、アパレル関係者にとって注目すべき都市だと思うが、これまで

築かれてきたブランドに対する価値観や、ラグジュアリーといったものへの捉え方が変わってきたことは、街にも大きな変化を与えている。世界の最先端セレクトショップであるコレットでも、アパレルよりもガジェットなどが売れるようになり、1万円超えのTシャツを買おうとする人はめっきり減ってしまった。パリはそうした時代の境目に置かれており、これまで隆盛を誇ってきた分野の凋落と、まったく新しい文化の萌芽が同時に起ころうとしている。

また、パリ市内全体で見ると、ここは移民の街といえるだろう。バルベス通りで食べるアフリカ料理は本物だし、街中で流れている音楽も、日本人がイメージしているようなフランスのものではない。ヨーロッパ圏における文化の流入の在り方を知るのに、いい機会といえるかもしれない。

付け加えるとすれば、女性のほうが、パリはより魅力的な街に映るかもしれない。フランス人の多くは女性に優しいからだ。反対に男性の場合、国籍を問わず移民と同じような冷たい扱いを受けることもあるので留意しておきたい。

ヘルシンキ

新たな表現を求めるクリエイターたちが集まる

国名 フィンランド
人口 583千人
通貨 ユーロ
時差 7時間
言語 フィンランド語、スウェーデン語など
気候 国内では寒さの穏やかな地域で海風が吹き込む。四季がはっきりしており、夏の日照時間が長い。1月：-10〜-2℃　7月：16〜25℃

フィンランドの首都であるヘルシンキは、とにかく変わったクリエイターが多くて楽しい街だ。具体的な理由まではわからないが、この街にはいろいろな考えを持つクリエイターが集まり、自由に表現する場が用意されている。

特にハウスミュージックの中心は北欧にあるといわれ、これから世界的に注目を集めるＤＪの多くがこの街を拠点としている。彼らがスペインのイビサでプレーしてメジャーになるというのがひとつのストリームになっていて、ヘルシンキにはそうした成功を夢見るＤＪが数多く存在している。

またインテリアデザインの分野でも優れたクリエイターが多く、世界各地で開催されるデザインフェスティバルでも、この街で行われるものはとてもユニークでおもしろい。

ただ、残念なのは気候の問題だろう。1年間のほとんどで暖房が必要になるし、冬は日照時間がとても短い。そこさえクリアできれば、ヘルシンキはとてもいい街だ。夏には遠出して白夜を楽しむこともできるし、サーモンもおいしい。僕が若い時代、クリエイターはみなニューヨークを目指したものだが、いまならヘルシンキをはじめとした北欧を目指すのではないかと思う。

》上海
チャンスとリスクが混在する魅惑の都市

国名	中国
人口	11922千人／邦人50289人
通貨	元
時差	1時間
言語	中国語など
気候	東京と似た気候とされ、夏は高温多湿、冬は雪こそ少ないが冷え込むこともある。1月：-1～4℃　7月：27～34℃

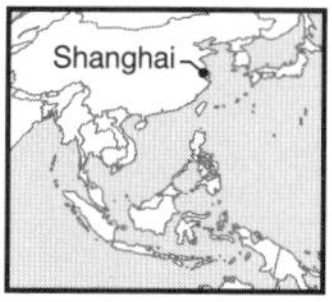

アジアでもっとも景気のいい街のひとつが、ここ上海だ。最近では人口800万人の巨大都市である広州も通勤圏となり、経済規模も人の流れもますます大きくなって

いる。

巨大なビジネス市場が広がっており、数多くのチャンスが転がっている。周知の如く、日本の多くの企業がこの地で事業を展開しているし、技術を売りにする職業の個人でも、上海に新たな活路を見出そうとする人が多い。例えば美容師やヘアスタイリスト、ネイルアーティスト、審美歯科といったものがそうで、日本人の技術力の高さは上海人の知るところであり、高く評価されている。今後、市場が縮小していく日本で無理をするよりも、上海を足がかりに世界でビジネスを展開していったほうがいいのは当然だ。

また、この街は日本人滞在者も多く、日本人向けのビジネスを展開しても十分やっていくことができるのも特徴だろう。言葉の問題に不安があっても、日本人相手なら日本語で商売できるし、その点は他の都市にはないメリットだと思う。２００７年にはチャーター便方式で上海の街中にある虹橋国際空港と羽田に直行便が飛ぶようになったので、東京と上海を頻繁に行き来する人も増えた。

中国経済を牽引するのが、世界中の金融企業が集結している浦東地区だ。日本の森ビルが造った101階建ての「上海環球金融中心」ビルがランドマークになっている。東京の大手町の失敗を参考にしているといわれ、高層ビルなどの近代施設と街路樹などの自然が見事に調和しており、さながら未来都市の様相を呈している。

日々の生活においても、特に不自由することはないだろう。おいしいレストランは多いし、デパートや専門店もそろっている。観光名所もあれば、外国人客で賑わうようなオシャレなレンガ通りも、若者で賑わう原宿のような通りもある。クラブも大盛り上がりだ。好景気を背景に、地方政府が強権を振るってまで大規模な都市開発を断行しているためだ。土地の権利をはじめ、さまざまなしがらみに縛られた東京なら、これほど大胆な街づくりは不可能だろう。そこは、良くも悪くも中国が共産党の独裁政権下にあることを痛感させる。

不安要素もある。そうした独裁国家であるため、突然ルールが変わるということがあり得るし、年々軍部が力をつけ始めて共産党自体もどうなっていくかわからないというカントリーリスクがどうしても大きい。また、誰もが指摘しているように、現在の上海の好景気はバブルであり、これがいつ破裂してしまうかわからない。

また、貧富の差もすさまじい。年収が数千万円という企業経営者が山ほどいる一方で、給与所得者の平均年収は50万円ほどしかないし、それよりももっと少ない額で生きる現地住民も多い。それが、きっちり区画が分かれているとはいえ、同じ上海という街に住んでいる。本来は平等であるはずの社会主義国において、これほどの差が生まれてしまっていることは、やがて大きな問題を引き起こすだろう。

こうした不安要素は、上海で生活してみてすぐに何らかの影響を及ぼすものではないが、潜在的なリスクとして知っておくに越したことはない。

僕は１９８０年代の終わりにはじめて上海を訪れたが、そのとき何もなくて暗い街だった。それがいま、世界の栄華を極めたような世界都市になっている。滞在するかは別にしても、ぜひ一度その目で見てみてほしい。

》香港
一国二制度で日本人も生活しやすい

国名 中国（香港）
人口 7094千人／邦人 19954人
通貨 香港ドル
時差 1時間
言語 中国語など
気候 比較的四季がはっきりしている。高温多湿の夏と、期間が短く温暖な冬。1月：11〜15℃　7月：27〜33℃

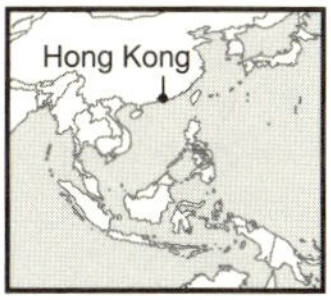

日本人が滞在しやすい街としてお薦めできるのが、香港だ。さまざまなものがコンパクトに密集した近代都市であり、東京のような雑然とした雰囲気が嫌いでなければ、大きな魅力を感じられると思う。日本人滞在者も多いから、その点では気軽さもあるといえるだろう。モンコックの街並みをプラプラしてデジタルガジェットやスニーカーを買い漁るのもいいし、スターフェリーから眺める夜景も最高だ。

香港が魅力的なのは、１９９７年までイギリスの植民地であり、現在でもその名残を残している点だと思う。一国二制度で中国とイギリスのよい部分を上手に両立させており、アジアであってアジアではない、独特の存在になっている。経済的に発展した中国の恩恵を受けつつ、香港政府が独自性を守り続けたことが大きいのだろう。そこに住む人々は紛れもない中国人であるが、基本的に英語が通じるので日本人も生活しやすいし、食事も文化も多国籍で、部外者だからと冷たい視線を向けられることもない。

一国二制度を背景に独自性を貫いた香港は、国際競争力も第2位と高い（IMD［国際経営開発研究所］による2010年のランキング）。あらゆる産業でも地方政府の政策でも優れた側面が多く、なによりパワフルであり、香港に滞在してみればそうした雰囲気を体感することができるだろう。

≫台北

世界でもっとも親日家が集まる

国名　（台湾）
人口　2607千人／邦人 11436人
通貨　新台湾ドル
時差　1時間
言語　中国語など
気候　季節の変化に富む温暖湿潤気候。雨量、台風ともに多い。
1月：12～16℃　7月：27～34℃

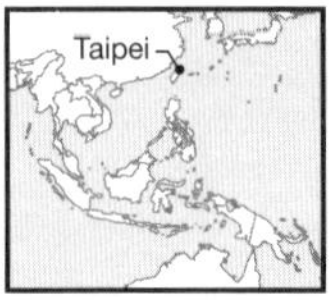

日本人が移住しやすい海外の都市をひとつ挙げろといわれれば、僕は間違いなく台湾を推薦する。

第一に親日家が多く、日本文化を理解してくれていることが理由に挙げられる。こちらから日本や日本人について説明するまでもなく、はじめから好いていてくれるというのは、大きなアドバンスだ。実際、僕は何度も台湾で仕事をしてきたが、とても仕事がしやすかった。台湾の方々の親日ぶりを思うと、台湾に関心を持ち、実際に行ってみようとする日本人はまだまだ少ないと感じてしまう。

台湾は景気もよく、法人税は17%と先進国と比較して圧倒的に低く抑えられており、ビジネス上の有利も多い。国民一人あたりのGDPは日本よりも上なのに、日本よりも物価が安いため、購買サイクルが活発で市場に勢いがある。

また、日本以外の土地に長く生活することになれば、仕事や文化といったことよりも食事が最大の関心事になるものだ。欧米の食事は、何ヶ月も食べ続けることになれば、体に合わないという日本人も少なくない。その点、台湾料理は同じアジア圏として馴染み深いものが多いし、なにより旨い。日本酒など、日本由来のものもたくさんそろう。

自然が多いのも見逃せない点だ。富士山よりも高い4000メートル級の山々がいくつも連なっており、休日には自然を感じに山に行くという楽しみ方もある。

台湾も上海と同じく、東京・羽田からの直行便が就航したため、簡単にアクセスできるようになった。台湾と東京で二重生活することも可能だろう。

気がかりなのは、地政学的なリスクとして中国との関係性が不透明であることや、そのあたりのバランスが国民党と民進党のどちらが政権与党につくかによって大きく左右されることだろう。ただ特別に問題視する必要はないと思う。日本の政局のほうが、よほど大きな問題だからだ。

チェンマイ
デュアルライフを実現する人が急増

国名 タイ
人口 1658千人
通貨 バーツ
時差 2時間
言語 タイ語、英語など
気候 熱帯気候に属す。乾季・雨季がはっきり分かれている。
1月：17〜28℃　7月：24〜32℃

微笑みの国といわれるタイ人の多くは仏教徒でまじめで、細かな機械作業にも向い

ていることから、日本の多くの企業がタイに工場を設立していった。ずっと以前からバックパッカーに人気の国ではあったが、そうした工場の進出もあり、日本との距離感は年々短くなっている。

特にタイ第二の都市であるチェンマイは、今後ますます成長するであろう期待値が大きく、活力に満ちている。各国の世界都市に比べればインターネットなどのインフラはやや見劣りするが、日本人が生活していくのに十分な施設がそろっているし、驚くほど物価が安い。ラーメン1杯が50円しないような土地なので、ちょっとした貯蓄があれば現地で稼ぎを得なくても数ヶ月生活していくことができるだろう。その一方で、街は次々と近代化を進めているため、経済成長していく昭和のような雰囲気を味わえる。

チェンマイには、若者が数多く暮らしているというところも大きいだろう。街中に活気があふれており、ビジネスも日本のように老人を相手にしたサービスではなく、若者を対象としたものをやろうとしているから、前向きな意欲を感じさせる。

温暖な気候で、とても過ごしやすいのもメリットだ。夏も日本ほど湿度が高くないから、ムシムシしない。

こうしたことから、年の半分をチェンマイで過ごし、残り半分は日本に戻って資金を稼ぐというデュアルライフを実践している日本人が多いようだ。日本のしがらみから離れ、自由な時間を過ごしたい人のオアシスにもなっている。

同じようなことはバンコクにもいえるが、あそこは少し大きな都市になっているし、チェンマイより物価がやや高いため、のんびりとした海外生活を過ごすには、こちらの都市のほうがいいだろう。

バンガロール

成長が見込まれる都市で時代を先どる

国名 インド
人口 4301千人
通貨 インド・ルピー
時差 3.5時間
言語 カンナダ語、ヒンディー語など
気候 カラン高原に位置し、インド内避暑地。雨季はモンスーンの強い影響を受ける。1月：15～28℃　7月：20～27℃

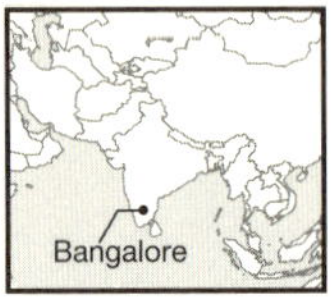

そもそも僕は、今後20年で見たとき、中国よりもインドのほうが大きな成長を成し

遂げるのではないかと考えている。経済的に成長しつつあるといわれるインドでは、第一の都市であるムンバイの空港近くにバラックが立ち並んでいるし、ホテルまでの道のりには牛が横たわっているが、これはまだまだ十分な伸びしろがあることを示している。また、インド国民すべてにアメリカのような社会保障ナンバーが割り当てられることが決定しており、家がなくて樹の下に座っているような人たちにもしっかりナンバーがつくようになると、ケータイを購入したりローンを組むことがやりやすくなるし、経済的な各種の指数の信頼性が高まって、一気に物事が前進する可能性がある。

そんな高いポテンシャルを持つインドにおいて、注目したいのがバンガロールだ。十数年前までは単なるインドの片田舎に過ぎなかったこの街は、IT産業の目まぐるしい成長によってインドを代表する都市になった。この街の成功がインド全体に広がる可能性があり、その先鞭を知るという意味で、この街の特性を知ることはとても重要だ。インド流の成功をいまのうちに学んでおけば、中国の次の経済的な成功が約束されているこの国でビジネスに結びつけることができるだろう。こうしたことに積極的に注目する日本人はまだまだ少ないから、この時期にバンガロールに滞在した経験は、後々の大きな武器になるのではないかと思う。

また、牛が路上で横たわり、聖なる川には遺体も流れてくるようなインドでの生活は、人間的にタフにしてくれるだろう。困難は少なくないだろうが、その経験は今後の人生に役立つはずだ。

≫シンガポール

過ごしやすい都市だが中国経済がカギになる

国名 シンガポール共和国
人口 4836千人
通貨 シンガポール・ドル
時差 1時間
言語 中国語、英語など
気候 赤道直下のアジアモンスーン地帯で、一年を通して高温多湿。1月：24～30℃　7月：27～32℃

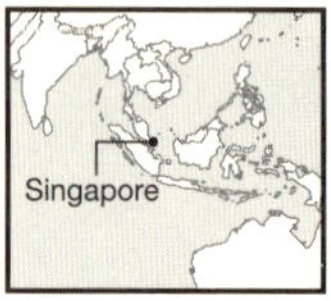

マレーシア半島の南端に建国されたシンガポールは、小国でありながらアジアのスイスといわれているくらいに世界屈指の金融都市であり、国際競争力も常にトップ3

の中に入るほどだ。建国の父リー・クアンユーが人民行動党を率いて国体を成し、事実上の独裁政権下ながら見事な強国に成長させた。アジアの奇跡ともいわれている。

成功の理由は金融政策に特化し、いくつもの優遇策をとって企業や人材を世界中から招聘したことと、外交戦術の巧みさにある。なにしろシンガポールは自国内にろくな水資源がないため、隣国マレーシアからの融通を受けなくてはならない。敵を作らず、表面上だけでもうまく渡り歩く外交力には、すばらしいものがあるといえるだろう。

また、資源がないことから観光業に力を入れている。大きな成功を収めるには至っていないが、そのトライ&エラーはすさまじく、新しいことに挑戦したかと思えば、すぐにやめて別のことをはじめたりする。このあたりのダイナミックさはアジアならではだ。

日本人滞在者もかなり多く、高島屋も伊勢丹もあって不自由を感じることなく暮らせるだろう。現地語を含む多言語国家ではあるが、英語も使えるし、教育熱心なので子供のいる家庭にとってもシンガポールはいい街だろう。

海流に面しているため湿気が多いのがやや難点だが、気候は温暖で心地よい。

問題があるとすれば、ひとつは政局不安で、現在は人民行動党による独裁体制が事実上崩壊に向かっていることだ。リー・クアンユー勢力が政権の座から排除される動きがあり、今後この国がどのような方向に進んでいくのか不透明な部分がある。

もう一つの不安は、やはり金融国家だからこそ、世界的な経済不況がさらに継続したときにどうなっていくのかがわからないということだ。シンガポールは実質華僑の国ともいえ、中国の景気がよければシンガポールの景気もいいという関係が成り立つ。中国経済が大きく失速してしまった場合、この国にも少なくない影響が及ぶだろう。すべてが悪い方向に進んでしまった場合、水資源さえないシンガポールは極端な状況に陥ってしまう危険性もあり得ない話ではない。

僕はシンガポールのテレビ局でレギュラー出演していた時代からこの街の発展を見てきたが、大変興味深い都市であり続けてきたと思う。金融業の成功を背景に、近代的建物が次々に建てられ、街並みは美しく、空港から街へつながる道路沿いには花が咲き乱れているほどだ。その一方で、つばやガムを道に吐くだけで処罰されるほど刑事罰が重く、「死刑制度を伴うディズニーランド」という人もいる。また、美しい街並みから一歩裏道に入ると、ドヤ街が広がっている。もちろん、どの街にも表裏はあるものだから、気にしすぎることはないし、そうした環境が性に合う人も多いだろう。やはり、その街の空気感というものは、現地に行って味わってみるのが一番だと思う。

バイロンベイ
近代化を否定するサーファーの聖地

国名　オーストラリア連邦
人口　29千人
通貨　オーストラリア・ドル
時差　1時間
言語　英語など
気候　亜熱帯性気候で海風に吹かれる。一年を通して温暖。1月：21〜28℃　7月：8〜20℃

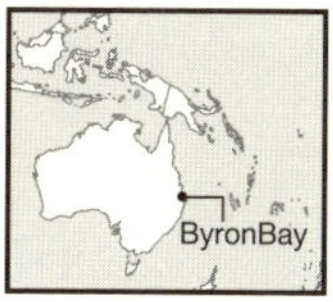

オーストラリアの南東部にあるバイロンベイは、同国においても片田舎と認識されている街だが、独特のスタイルを築いている点で一部の人間から高い評価を得ている。それは、信号機やコインパーキング、フランチャイズ経営の飲食店など、現代社会では世界的に常識になっているモノやサービスなどを禁止している点だ。いつも世界中

からやってくる観光客で賑わっているが、ファミリーレストランやファーストフード店がないため地元の飲食店やカフェで腹を満たし、世界展開しているリゾートホテルもないからオーナー自らが受付をしているような小さなホテルに宿を取る。巨大資本によってなくしてしまった人と人との昔ながらの交流が残っていて、それが実にいいのだ。街の人口はほんのわずかしかいないのだが、毎年100万人規模の観光客が訪れているという。10年前は訪れるのも大変な街だったが、現在では高速道路が近くまで開通したため、ゴールドコースト空港から車で1時間程度で行くことができるようになった。

またサーファーの聖地でもあり、刺激的な波や自然との一体感を求めて世界中からサーファーがやってくる。アメリカナイゼーションがもたらした大量消費や物欲とは対極にある、オーガニックやヨガなどのスタイルを実践する人も、自然と集まってきている。

僕はこれからの時代における街のあり方として、バイロンベイが選択した方法は、とても正しいと感じている。効率化と利便性の追求によって小さな街にもモノやサービスが充実するのはいいことかもしれないが、そうすることで世界のどの街もが同じような風景になってしまった。バイロンベイには、そうしたことは一切ない。郊外のサンデーマーケットでは、夕方から日暮れまでどこからともなくジャンベ叩きが集まって踊りを楽しむアフターパーティーが行われ、この街ならではの楽しみのひとつとなっている。

僕はこの街に数ヶ月ほど滞在しただけだが、いまでもお気に入りの街のひとつだ。近代的なモノやサービスのない環境は、最初は面食らうかもしれないが、すぐにこの街ならではの良さを体感できると思う。むしろ、これまでの都市的生活に戻れなくなってしまうかもしれない。

難点は、物価は安くないという点。小さい街だけに賃貸物件もあまりなく、滞在費はそこそこかかってしまうだろう。そのため、ワーキングホリデーを活用するといいと思う。

CHAPTER

5

洋行経験者が日本を変える

TSUYOSHI TAKASHIRO

ISSUE!

個人の力の時代がやってくる

海を渡って異国の地での滞在経験を得ることは、今後の人生を生き抜くための航海図を手に入れることでもある。そしてそこには、日本という国の本当の姿も描かれているだろう。世界に誇れる文化や技術もあるし、非常に矮小で醜い部分もある。島から出ないと理解しにくい本当のことも、航海図を手に入れた人なら何が真実なのかがわかる。

それを頼りにすれば、自分や家族など大切な人を乗せた船を、暗礁を避けて航海させることができるだろう。国家の役割が弱まり、なにをするにも自己責任が問われるようになるこれからの時代は、まず自分の身を自分で守れるだけの備えが必要だ。

さらには、より多くの日本人に航海図の存在を教えてあげることができれば、日本という巨大な船艦も沈没せずに済むようになるかもしれない。日本は外圧という刺激がないと動かない性質を持っているが、忘れてはならないのは、そうであっても最終判断は日本人自らが下しているという点だ。黒船来航によって迫られた開国を決断したのは江戸幕府だし、日本国憲法はGHQが草案を用意したものとはいえ採択したのは日本政府だ。今後、ますます複雑化する世界の荒波を乗り越えるには、相当な舵取りが必要になるだろうが、日本国民一人ひとりに正しい知識と判断力が備わっていれば、難しいと思える困難でもみなで克服していける可能性が高まるだろう。

洋行を経験した者こそが、自分を、そして日本を変えていけるのだ。

そのことを裏付ける動きもある。

作家、未来学者として著名なアルビン・トフラーは、21世紀には国家や企業などではなく、個人の力が増大すると語っている。インターネットの登場以降、これまでは切り捨てられてきた個人発信の情報が時代を動かすほどの力を持ってきたのはすでに周知のとおりだろう。国家や企業も、これまで以上に個人の意見を無視できなくなっているし、「アラブの春」や先進諸国でのデモの動きなども、やはり個人から発信されたものだ。トフラーは、発言力と行動力のある個人の力の増大を「インディビデュアル・エンパワーメント」と呼んでいる。**マスという大きな集合体から力を持った個人の集合体へと、時代の中心がシフトしてきているのだ。**

たとえば、日本の通信業界の変化が挙げられるだろう。通信省から電電公社へ、独占的中央集権システムから、複数社による自由競争へと移行し、電話の形状も固定電話からケータイへ、そしてゆくゆくはハンズオーバー機能を持ったIPベースのスマートフォンも登場するだろう。中央集権から自由競争を経て、より地域や小さな集団へと変化していく光景は、トフラーが説いた21世紀型のパワーシフトと同じだ。この動きは、今後メディアやエネルギーなど、独占・寡占状態を敷いてきた業界にも起こるだろう。

個人の力が時代に与える影響は、今後ますます高まってくる。海外で得た経験を活かす場は、いま以上に広がっていくだろう。

ISSUE!

日本を覆う古いシステムを打破しなければならない

洋行体験のある個人の力こそが、日本の古いシステムを打ち壊す唯一のカギになる。そして、もしかしたら今後は、その新しい個人の力の集合が21世紀の黒船になるかもしれない。

いまの問題は、第1章でも述べたとおり、世界の潮流にうまく合わせることができずに「ひきこもり」を決め、日本を絶望的な状況に追い詰めるに至らせた、官僚やマスコミなどを含む古いシステムだ。国際比較政治学者であるカレル・ヴァン・ウォルフレンは、このシステムの源泉を明治政府の礎を築いた山縣有朋に見出しており、彼が政治の力を弱め、官僚や軍部が国家を主導できるシステムの根幹を築いたと述べている。これが事実であれば、日本はこの時代から大して変わっていないということになる。今日のようなメディアやITがなく、個人の力が強くなかった時代に生まれたシステムが、現在でも最良であるはずがない。大本営発表や密室談合が是認される時代ではなくなっている。古いシステムから抜け出し、「インディビデュアル・エンパワーメント」が最適化されるよう、パラダイムシフトを進めるべきだ。

前述したように、こうした問題はマスメディアでも起きており、テレビ局に不都合な情報は放送されないといった「情報談合」ともいえる現状をどうにか変えない限り、政治システムの刷新も難しい。


日本を覆う古いシステムは、いまだ高度経済成長の亡霊に取り憑かれている。その成功体験が忘れられないがために、一時的にでも厳しい現実を目の当たりにさせるような変化を避け、誰かが責任を負うことを回避している。バブル経済が崩壊したときも、世界がグローバル化したときも、それで舵取りを大きく誤った。その誤りを取り繕おうとしてパッチがあてがわれてきたが、継ぎはぎだらけでもうグチャグチャだ。システムを構築しなおさないとならないが、そのプロジェクトの実行をシステム自身が阻止するという矛盾をはらんでいるため、システムクラッシュを起こしてしまうのが先かもしれない。

クラッシュによって壊滅的な被害が生じないためにも、自浄作用が働くことを期待せず、古いシステムに対抗していかなければならない。または、もしクラッシュしてしまっても、そこから少しでも早いリスタートができるような準備をしておくべきだろう。

それには、僕らが海外経験で培った個人の力を最大限に発揮する必要がある。

ISSUE!

質の高い情報力を身につける

洋行体験が日本の未来を変えていくと説いてきたが、当然、国家よりも第一に自分自身を大きく変えることができる。それは、各種スキルの獲得や人間的な成長というだけでなく、これからの時代を生き抜く術という意味も大きい。

日本がおかれた危機的状況は、なにも好転していない。原発事故も、経済不況も、古いシステムによる問題も。今後は大不況やインフレ、国債の暴落、新種の疫病やウイルスなどの新たな問題も出てくるかもしれない。あの震災が見せたように、直接被災した地域でなくとも街からミネラルウォーターがなくなったり、ガソリンの給油ができなくて交通インフラが麻痺したりといった問題が発生した。いつ再び、危機的状況に陥るかわからない。

政府は放射能汚染について、何度も「ただちには影響がない」と発言した。放射能汚染からの避難も地域によっては「自主避難を勧告」したことからも、国が個人を守ってくれないことはわかったはずだ。領海侵犯を犯そうとした船舶を追い返したり、テロリストを入国させないよう監視したりはしてくれているが、あまりに想定外なリスクや、広範囲すぎる危機については、「どうぞ各自で行動してください」となるわけだ。これについて、政府に文句をいってもはじまらない。文句をいっているうちに被害に巻き込まれたり、抜け出せない状況に陥ってしまってはならないのだ。その古いシステムを変えてしまうのでなければ、いつでもリスクヘッジできるよう個人で動けるようにしておこう。

サヴァイブ力を身につけるのだ。

そのひとつが、情報力だ。混迷を続ける世界の状況についていかに的確に知り、適切な対処の方法を検討しておけるか。ときには近い未来を予測する必要性もあるだろう。

これらの情報は、情報談合が行われているテレビでは絶対放送されないし、ましてやインターネットでもほとんど登場しない。インターネットも所詮メディアの一形態であるし、真贋のわからない情報が散乱していることから、閲覧者が正しいと信じたり好んだりしている情報だけを収集してしまう傾向があるからだ。なにより、そこにはインフォメーションがあっても、インテリジェンスはない。たくさんのインフォメーションを手に入れることで、知った気になっているのはもっとも危険だろう。情報デブになると、本当の危機が訪れたときに動けなくなってしまうからだ。

どうやって正しい情報を知り得るのか。一番は、自分の足で見つけるしかない。現地に直接行き、五感を使って手に入れた情報は、必ず今後の人生において正しい選択をもたらすソースになるだろう。また、その場に行けなかったとしても、自分が信頼する人から直接聞いた話も、手垢のついたメディアを経由した情報より何倍も優れたものだ。

不思議な話に聞こえるかもしれないが、人や情報というものは、その人次第で自然と集まってくるものだ。**精度の高い有益な情報をもたらす人の周りには、同じような人たちが集結する。**僕は長年の経験から、その結論を見出した。そして、この有益な情報とは、やはり「実際に行って見てきた」からこそ得られるものだ。だからこそ、海外経験が多いほど自分自身の情報量も増えるし、周りから有益な情報が入ってくる可能性も急増する。それが、情報力となるのだ。

この力があることで、まだ表面化していない世界の危機をいち早く察知でき、行動に移らなければならないときがわかるようになる。

ISSUE!

二地点居住をしながらサヴァイブ力を養う

洋行したことで高まるサヴァイブ力には、日本が危機的状況になった際に国外に避難するよう動くことができる、というものもある。

日本はいま、近年でもっとも最悪な状況に陥るリスクが高まっている。国債暴落の末の国家破綻および同然の状態や、経済不況がもたらす世界レベルの不協和音、そして放射能。こうしたときにも、海外に滞在したことがあるという経験は、リスクを回避するひとつの有効な選択肢を示してくれるだろう。**すなわち、日本から出てしばらく外から状況を見守るという判断だ。**

大きな危険にさらされているとき、人間はあらゆる種類のリスクを遠ざけようとしてしまうから、海を越えた経験がない者にとっては、未知の世界に飛び込むリスクをも避けようと考えてしまう。結果、いま住んでいる場所に閉じこもるしかなく、気づいたときには辺りは火の海で逃れられないという状況になりかねない。

また、自己責任の範囲が拡大していくこの時代、水や食料といったものも自分自身で確保していく必要が出てくる。水や食料は、言うまでもなく人間が生きていくのに必要不可欠なものだ。万一の危険が日本を襲った場合、これらが突然手に入らなくなる危険があることは、先の震災のときに実感した人も多いだろう。買いだめしておくのもひとつの手のように思えるかもしれないが、それは一時しのぎであって、根本的な問題の解決に結びつかない。**水や食料が手に入らなくなる問題を解決するには、それらが安定して供給できる場所、すなわち資源が豊富な土地を知り、万一の場合はそこに移住できるよう事前に調査しておくことだ。**それは、日本国内で探し出すこともできるが、より大きなリスクへの対策という意味では、国外で見つけるに越したことはない。

ちなみに、国家破綻の危機が高まってくると、資産を「金」に変えたほうがよいという風潮が出回るものだが、ソ連崩壊のときもアルゼンチンの国家破綻のときも、「金」はまったく役に立たなかったと当時の状況を知る友人から聞いたことがある。大混乱を迎えたとき、紙幣や現物の「金」、その他の金融商品も、直面した危機から生き延びるツールとはなりづらいものだ。あらゆる有事に備えるには、なにより水や食料を自ら確保していくのが一番なのだ。

実は日本は、水や食料が豊富にある土地という意味では世界トップクラスにある。

それらを確保しようと、中国などの諸外国が水源のある土地を取得しようとしていることを知る人は少なくないだろう。余談になるが、効率化やコスト削減を至上の目的として世界に蔓延したグローバリゼーションの次の時代には、水や食料、エネルギーなどを自ら入手できる個人や小さな集団が台頭するようになると僕は予想している。家に帰れば水と食料は絶対にあるという安心感は、これまで以上に大きな意味を持つようになり、日本はそれを強みにしなければならなかった。だが、グローバリゼーションの罠にはまった日本は、イノベーションを放棄する代わりに安い労働力を海外に見つけ、食料は輸入に頼り、水は汚染され、エネルギーは原発を推進してきた。すべてが間違いとはいわないが、新しい時代を見据えるなら、早々に次の行動に移さねばならないときにきている。

水や食料が豊富な避難地を見つけられたなら、そこに一度滞在してみるだけでなく、定期的に生活できると尚いいだろう。僕はこれまでの著書で何度も提案してきたが、二地点間生活を実行してみるのだ。インターネットなど情報社会の発展による就労形態の変化と、ＬＣＣの登場など移動にかかるコストが極端に安くなったことで、都市近郊の家と郊外の安息地というように、生活の基盤を二地点におくことも不可能ではなくなったように思う。東京に住んでいても、新幹線で2時間ほどの郊外へ行けば、驚くほどの安さで物件を手に入れることができる。また最近では、ようやくLCCが日本の空港にも路線を持つようになり、アジア近辺へも気軽に行けるようになった。平日は東京で勤務し、休日は上海で過ごすというスタイルも可能だし、それを実践している人も僕は何人か知っている。二地点での生活は、洋行体験が緩やかに継続しているようなもので、一ヶ所に留まっては得ることのできない経験や知識をもたらしてくれる。複眼的な視野を持つことができるのだ。さらには、そのうちの一地点に留まることのリスクが高まれば、もう一地点へ緊急的に避難することができる。僕はこれを、ハイブリッドなライフスタイルと呼んでいる。

二地点間生活をしている間に、どこでも仕事できるように鍛えておくのもいいだろう。もちろんどのような業種でも、直接現場に行かないと解決しない問題はあるが、パソコンやインターネット環境があれば問題ない業務もかなりある。整然としたオフィスでないと仕事ができないというのは前時代的な発想であり、さまざまな変化とリスクを抱える次の時代には生き残れないかもしれない。どこでも仕事ができる能力があれば、万一に国外へ出たとしても、日本に滞在していたときと同じように仕事を続けることができるだろうし、海外で仕事を見つけることにもつながるかもしれない。

海を越えれば、職を求めるフィリピン人や中国人などと同じ土俵で競争することになる。しかし、日本人はとても優秀な人材と受け止めている国が多い。もちろん、日本人というだけで採用されることはないが、書類上は同じような能力であれば日本人を採用する場面を、僕は何度か目にしてきた。これは、かなりのアドバンテージと考えていいだろう。

場所を問わずに稼ぐことができるようになれば、もう住む場所にこだわらないハイパーノマドのライフスタイルを実践することができるようになる。

それにもまず、やはり海を越えるというアクションが必要なのだ。

ISSUE!

パラダイムシフト ～未来は大きく変わる～

アメリカを中心にグローバリゼーションによって拡大した世界の新自由主義は、ひとつの終わりを迎えている。世界維新期に入り、国や宗教などの地域勢力のバランスはますます複雑になっていくだろう。温暖化や地殻変動など地球環境も変動期に入り、水や食料、安定した生活や職業を求めて、これまで歴史上何度も行われてきた民族大移動もはじまると思われる。

僕自身、価値観がパラダイムシフトする予感を大いに感じている。それは、コンピューター革命前夜にある1980年代のアメリカ西海岸で、はじめてデジタルに触れたときと同じような感覚だ。コンピューターがパーソナルなツールとなってビジネスの枠組みを超え、人々の生活に大きな変革をもたらすという予感に、僕は身震いした。それから20年以上経った現在、デジタルは人間の神経組織であるかのように生きていくために不可欠なものとなった。

そしていま、僕の心に押し寄せてきた予感は、**グローバリゼーションが促した資産**

の所有から、共有へと変わろうとするパラダイムシフトだ。モノを大量に収集していることがカッコいい時代はすでに終焉を迎えつつある。男のプレステージの象徴であり、20世紀の資本主義経済を牽引してきた自動車は、いまや所有欲を満たすアイテムではなくなり、複数の仲間とどのようにシェアするかが問われるようになった。ロゴがデカデカと入った一流ブランドの洋服やバッグは、成金が急増している中国人のもので、むしろダサい象徴とみなされつつある。

そもそも、お金に対する価値観にも大きな変革が訪れており、今後はより顕著になっていくだろう。資産を大量に所有することが前時代的なライフスタイルになっていくため、これ見よがしにモノを持っていることをアピールすることは、これ以上なくダサいこととして受け止められる。これと同じように、資産を持っていない人が、不相応なモノを所有しようとしたり、背伸びをして高額なモノを購入することも、不健康な行為に映るだろう。資産があるなしにかかわらず、そのことを主張しないようにするのが、これからの時代にふさわしい態度となるはずだ。**言い換えれば、お金との距離感が変わるということで、「有機的資本主義時代」とでも呼べるかもしれない。**

所有から共有へとパラダイムシフトした世界では、「インディビデュアル・エンパワーメント」を備えた個人の力がもっとも発揮され、そのような能力を備えた彼らが同じ価値観を持つ仲間たちと築いた集団が、世界に大きな影響力を持つようになるだろう。これは、今日のSNSで見られるようなつながることを重視した相互依存の集団でも、一部のリーダーが特定の価値観やルールを押し付ける集団でもない。お互いが自立した上でアイデアや思想を発言し合い、時代を柔軟に生き抜くことに長けた集団で、離脱することも他の集団と掛け持ちすることも自由だ。同じ価値観を持つ仲間とは、国や国籍、人種や宗教をも超えたところにある。

こうした集団が力を持つようになると、国家が果たしてきた役割も大きく変わらざるを得なくなってくるだろう。国境が事実上消滅し、国民が自由に世界を行き来する中で、国家が国民の生命や資産を守ろうとするのは無理が出てくるからだ。そのような新時代のシステムをスムースに実行するには、アメリカに取って代わるような大国が新しい国や共有体を創り上げないといけないのだが、そう簡単にはいかないはずで、20〜30年は世界的な混乱期が続いていくと予想している。

こうした次の世界をイメージするには、今日の経済について考えてみればいいだろう。経済の世界にはすでに国境がなく、世界がひとつの市場となっている。しかし、市場はひとつなのに、細かなルールは各国で適応されていることが、さまざまな弊害を生み、今日の世界不況を生み出す一因となってきた。克服すべき課題は多いが、やはりどこかで世界共通ルールを策定し、世界統一銀行が誕生しないといけないし、潜在的にもそういう未来を志向していると思う。

パラダイムシフトによる混乱期に、国に頼らずに生き抜くためにも、シフトしたあとの新時代で豊かなライフスタイルを過ごすためにも、自分自身の力を高めなければならない。

ISSUE!

個人のために、そして日本のために

戦後の日本は、先人たちの努力によって急速な経済成長を成し遂げ、世界屈指の豊かな国へと変貌した。そこには平和があり、なにも考えなくてもなんとなく生きていける環境が生まれていった。学校の同級生や会社の同僚との僅かな差だけに執着し、世間から逸脱しないよう同じであることを良しとして、日本の政治や社会がはらむ本質的な問題に関心を持たなくても誰かがなんとかしてくれていた。ちょっとした不満は、インターネットでの匿名の書き込みや居酒屋での愚痴でガス抜きをしていれば解決した。古いシステムに縛られる政治やメディアに対しても、自分自身もそのシステムに関わる一人であることを意図的に無視して、批判の声を上げていれば正しいことをしている気になれた。

しかし、そのような生活は、本当に終わるだろう。

世界規模の維新期では、海を擁壁としてガラパゴス化しようと堅守してきた日本の世渡り策も通用しないだろう。その波が国家破綻という形になって襲ってきても、日本という国家がなくなることはないが、これまでの生活水準を大幅に下げざるを得ない状況が国民全体に強いられ、それが何年も続く。アメリカ経済の破綻という波も、擁壁を軽々と越えて日本国民全員を溺れさせるかもしれない。海外からの荒波を防ごうと高く高く築きあげた擁壁は、いざ浸水しはじめると、今度は逃げ場を塞ぐ障壁に変わってしまうのだ。

最悪な事態が訪れないためには、いますぐに最良の選択を選ばなくてはならない。それは、僕ら一人ひとりが個人の力を磨いていくしかない。**一刻も早く「時代の出る杭」になるのだ。**

いま、100万人が集まってデモを繰り広げても、古いシステムの中枢にいる既得権益者にはあまり響かないだろう。しかし、江戸時代の脱藩者のようにそのシステムから一旦離れ、外の世界で身につけた新たな知識を持ち込めば、彼らの安寧とした世界に亀裂を入れることができるかもしれない。

僕は何も、日本で革命を起こそうとか大それたことを煽っているつもりはない。**しかし、これからは個の時代であり、いまのままでは日本はますます窮状に立つことになることは、事実だと考えている。**

なぜ僕がここまでいうかといえば、日本が好きだからだ。豊かな自然に囲まれ、人々は情に厚く、悠久の歴史があり、優れたテクノロジーを誇り、孤高の美学を持つ。そんな日本人であることを、とても誇りに思っている。それは世界各国を回る日々になってから、特に強く感じていることだ。こんなに勤勉ですばらしい国民は他にいない。だからこそ、いまの日本が置かれている状況をただ放っておくわけにはいかないのだ。僕が感じる危機感も、海を越えて世界の現状を肌で感じた人なら、同じ感覚を持ってくれると思う。日本の正しい現状を理解できる人がもっと増えれば、日本は自然とよりよく生まれ変われるはずだ。

僕は、本書を読んでくれたあなたも、その一人になっていただきたいと願っている。

ISSUE!
変化することを恐れてはならない

本書は、僕自身の経験や知識を交えながら、日本を出て海の向こうで過ごす方法を具体的に解説してきた。それは確かに容易とはいえないかもしれないが、ハードルは決して高くないということもおわかりいただけたのではないだろうか。

なにか新しいことをはじめようとするとき、人はよく時間やお金をできない理由に挙げる。いますぐにも海外に行きたいが、その時間がない、お金がない、というように。しかし、本当にそうなのだろうか？　どんなにあがいても1ヶ月の時間をつくれないのだろうか。がんばって貯金しても、１００万円近くの資金を工面できないのだろうか。それを乗り越えられれば、あなたの人生が劇的に変わるかもしれないのに、変わり映えのしないいまを続けることが何よりも優先すべきことなのだろうか。

違うだろう。

目の前にそびえたつハードルの正体は、時間やお金などではなく、変化することへの恐れだ。

すべてが見通せているつもりのいまを捨て、何が待ち受けているかわからない世界へと足を踏み入れるのは、その先にすばらしいことが待ち受けていると聞かされていても、二の足を踏んでしまうものだ。これは仕方のないことで、誰しもそう感じてしまうだろう。人生は、この恐れに屈服するか、この恐れを克服するか、二択の連続だ。

この恐れに屈すると、人は創造性を失い、行動を止めてしまう。さらに恐れると、自分自身で考えることを止めて他人の意思に自分を預けるようになり、社会情勢に乗っかり、傍観者に成り下がってしまう。ときには争いを起こすことにもつながる。僕にとって、創造の反対は戦争であり、その根源は恐れだ。

この恐れの気持ちに、うまく付き合っていかなくてはならない。無理に屈服させようとしても、根本から恐れを抑制させることは難しい。身の危険から守ろうとする恐れの気持ちと、上手に折り合いをつける術を学ばなければならないのだ。

それには、なぜ自分は恐れているのかを客観視する必要がある。逆に言えば、客観視できずに茫漠《ぼうばく》とした意識でしかとらえられないからこそ、恐れの感情を抱いてしまうものだ。「お金がないから海外滞在できない」という理屈も、客観的にとらえれば「3年かけて100万円を貯蓄し、海外に滞在しても、その苦労に見合った成果を得られないのではないか」という恐れであったりする。そこまで客観視できれば、海外滞在による利点を具体的に検討できれば、恐れの対象を徐々に縮小させていくことができるだろう。もちろん、恐れを客観的に踏まえた上でも、どうしても行動に移そうと思えないことがある。それは、あなたが理性的にも行動に移すべきではないと判断したということだ。本当にやりたいことというものは、漠然とした恐れという目の前の霧が晴れると、一気に展望が広がるものだからだ。

変化することを恐れてはならない。また、いまあるものを失うことを恐れてもいけない。失うことは、得ることの前段階に過ぎないからだ。

ISSUE!

改めて自分自身と向き合う

恐れを客観視するということは、すなわち自分自身と向き合うことだ。

問題が生じたときは、自分自身と話すことが大事だ。外部世界からどれだけ情報を取り入れても、本当の問題解決に役立つものは、驚くほど少ない。それよりも、自分の心という内面世界に耳を傾け、とことん討論し、真剣に考えるべきだ。そうすれば、大抵の物事はやるかやらないかの二択に行き着き、そのままどちらかを選択することができるだろう。ときにはそれが、自分の直感を信じるという行為にもなる。

その心の声の根源は、楽しいや好き、すばらしいといった感情だ。さらに突き詰めれば、心が躍るかどうかといえるだろう。理屈ではなく、素直な自分自身の感情に真摯に耳を傾けるべきなのだ。

あらゆる情報であふれる現代では、この単純なことを忘れてしまっている人があまりに多いように思う。本当に自分がやりたいこと、自分が楽しいと思えることをやるのが一番だし、それが正しいのだ。もしそれが見つからないというのなら、一番と思えることが見つかるまで、探しに行くべきなんだと思う。

ただし、心の声に従うということは、欲望に身をまかせることとは違う。計算されていたり目論見のある表層的な楽しさではなく、自分の魂に直結しているような、心の深層にある感情を見つめ直すことが大事だ。

もちろん、失敗することだってあるだろう。しかし、やらずに後悔するよりは次につながるだろうし、自分の心を信じ続けることは、結果として大きな成功をもたらすものだと僕は信じている。まずは成功も失敗も考えずに、恐れにとらわれず、自分と向き合おう。

どのような問題も、必ず自分自身の中に答えがあるのだ。

ISSUE!

さあ、世界へ出よう

この本を手に取った方は、独身であったり、家族がいたり、学生だったり、社会人だったり、さまざまだと思う。しかし、どの人にも、僕はいますぐ行動を起こすことをお勧めする。変化を拒み、動こうとしないのは、いまの世の中において最大級のリスクだからだ。

IT技術が発達した現在、どんな人でも2年あればそれなりのスキルを身につけ、クリエイターらしい仕事ができるような時代に突入した。この時代において何よりも必要なのは、2年後にこうありたいと想うビジョンだ。それがなければ、時代の荒波の中でただフラフラと波間に揺れる木片のような存在になってしまうだろう。

常識やしがらみといった擁壁に穴を開け、恐れという霧を晴らし、ビジョンを頼りに外洋へと船を漕ぎ出そう。外の世界には、日本にいては味わえないたくさんの宝が待っているはずだ。やがては再び日本へと戻り、海の向こうで蓄えた力を発揮してほしい。

日本の未来を、ともに切り拓いていこう。

そして、その洋行体験は、一人で世界を渡れるだけの能力をも獲得させ、自分自身を見つめ直す機会も増やすはずだ。さまざまな困難と直面するたび、心の中にある自分と対話し、自分の正しい姿を見出すことができるだろう。

本当の自分自身とつながること。実は、これこそが海を渡ることの真の目的だ。

海を渡ることによって、世界の現状が描かれた航海図を手に入れることができる。そしてその裏には、大海原のように広がる自分自身の心を航海し、本当の自分へと至る航路も示されているのだ。

航海図を求めて、海を渡ろう。
そのための船は、すぐ目の前に用意されている。
世界の荒波が船を転覆させてしまわないうちに、漕ぎ出そう。

その先に、あなた自身の未来が待っている。

あとがき

EPILOGUE

本書は、『「ひきこもり国家」日本』、『70円で飛行機に乗る方法』と同様、宝島社の編集者・柚木昌久氏とフリーランスの横山博之氏の全面協力によって完成した一冊です。また、カメラマンの松本健太郎さん、デザインを担当してくださった鈴木佳代子さん、白鳥真希さんにもご協力いただきました。この場を借りまして、不在が多い僕に長年お付き合いくださる皆様に御礼を申し上げたいと思います。いつも本当にありがとうございます。

柚木氏、横山氏とのチームで社会や経済が大きく変わる予測をたてはじめて、もう7、8年は経つ。そして、ほとんど予測どおりに日本も世界も大きく動きました。今後の展望をあらゆる角度から考えてお話してきましたが、正直明るいとは言いがたいと思います。

元来、このチームは経済や社会変化が専門ではなく、いわゆる「流行」を考え、提案するのが本業です。流行とは、社会や経済的背景があって生まれるのが常であり、また反対に、流行をしっかり見つめることによって、社会や経済的潮流がよくわかるというもので、この理解を深められたのも、このチームの実績のひとつだと僕は考えています。

いまから10年以上前、ファッションやガジェットは、ブームになる前に特定の個人がそれらを推薦することで流行に火がつきました。それまでは広告などのマスメディアによる話題喚起が流行の発火点でしたが、90年代後半から徐々に、ファッション、特にストリート・ファッションにおいては、ムーブメントがマスではなく、特定の個人から動きはじめるようになったのです。そして、それは同時にマスメディアへのアンチテーゼでもありました。いまとなっては個人からの情報発信は当たり前ですが、マスメディアを信用せずに自分で情報を探し、コミュニティ化してそれを追求していくという流れは、ストリート・ファッションが先駆けだったのだと思います。

もし、ファッションが時代の先を占うひとつの指針になっていると仮定すれば、ストリート・ファッションが去ったいまの時代を代表するのは間違いなくユニクロです。そのユニクロは、日本の企業であるにもかかわらず、今後は海外に重心をシフトしていくと明言しています。これが意味することはふたつあり、ひとつは日本で仕事をしていくのはもう難しいと考えていることと、もうひとつは、日本も海外も関係なく、世界で仕事をするのが当たり前の時代、ということなんだと思います。

この本をお読みの方のほとんどは日本人だと思います。しかし、日本だけで勉強し、仕事をし、居住する時代ではないと僕は感じます。わずか10年ちょっと前までは、海外に出てしまうと、電話一本するのにも大金がかかりました。しかし、いまはスカイプをはじめとするアプリケーションをスマートフォンに入れておくだけで、誰でも安価に通話が可能になりました。日本の楽曲や映画も、ダウンロードでどこでも購入可能であり、クリックひとつで食品まで配達してくれる時代です。また、LCCと呼ばれるローコストキャリアが、予想どおり日本にも開通し、今後世界へと行くハードルは、コスト的にも時間的にも劇的に低くなるのは間違いありません。あとは、自分の気持ちのハードルを越えることが最大の障壁になることでしょう。その心のハードルとは、一体なんなのでしょうか？　それこそ、日本式システムに捕われた仕組みにほかなりません。海外へと出ることより、この日本式システムから一度距離を置いてみることこそが、自分を知り、自分の新しい道を切り開く術なのです。

世界をまわると、日本は本当にいい国だといつも気づかされます。それは、僕がいまの日本式システムから一度距離をとったから理解できた最高の発見だと思うのです。気がつかないうちにとらわれているシステムから一度脱却してみること。どんな時代も次の道は、そこからしか開かれないんだと思います。

高城　剛

《 編集担当チームが厳選! あらゆるジャンルが大集合!

世界留学先リスト

最後にこの本の編集担当チームで作成した留学先リストを紹介します。旅行気分でお手軽留学できるものからスペシャリストになるための本格派まで、さまざまなジャンルで厳選してみました。あなたの助けになれば幸いです。

【表記の見方】

「入学 / 登校」、「宿泊」、「食事」、「現地サポート」は原則としてすべて最短期間のコース内容を掲載しています。時期やプランによって内容は異なりますので、詳しくは各問い合わせ先にお問い合わせ下さい。

■費用
授業料（または渡航費）、滞在費、入学金の合計をひとつの目安として掲載しています。各プログラムに記載の料金は時期やコースにより異なりますので、目安として参考にしてください。

■宿泊
渡航・留学先によってホームステイ、学生寮、留学生寮など宿泊形態が変わる場合があります。

■食事
宿泊先での食事の有無を掲載しています。

■現地サポート
原則として、現地に日本語が話せるスタッフがいるかどうかを基準に掲載しています。例外として、現地サポートオフィスがある、日本語で相談できる電話のサポートサービスがある等も記載しました。目安として参考にしてください。

青い空、白い雲！ 絶好のロケーションが学舎に

南国で学ぶ！ お手軽&本格リゾート留学

自然豊かなリゾート地で短期&長期留学が出来るプラン6。勉強しつつ、息抜きしたいときには南国らしい自然のなかで思いっきり羽を伸ばそう。リフレッシュがうまくできれば、勉強効率が上がるかも!?

アメリカ／ハワイ

Global Village English Centres, Hawaii

語学留学 | 1週間～

短期間で英語力アップ！ ビーチもすぐそば

ホノルルの中心部に立地。クラス人数は平均11人（最大14人）という少人数制となっており、全9レベルで自分の英語力にあったクラスの受講が可能だ。授業では、母国語使用禁止ルールもあり短期間でも英語力向上が見込める。ビジネス英語や各種試験対策コースも充実。

かかる費用は？ （入学申請料、滞在手配料、週16レッスン授業料、ホームステイ費、空港出迎え費、海外送金手数料、研修費用）

1週間	190,000円	入学／登校 毎週月曜日※
8週間	535,000円	

《宿泊》ホームステイ 他

《食事》朝昼夕3食

《現地サポート》有

※但し月曜日が祝日の場合は翌日

http://www.ryugaku.co.jp
問：留学ジャーナル 0120-890-987

アメリカ／ハワイ

Institute of Intensive English, Hawaii

語学留学 | 1週間～

ハワイを満喫しながら英語も習得できる

ワイキキビーチまで徒歩3分という恵まれたロケーションで学べるのは、なんとも贅沢。1週間の授業は8～35レッスンと、自分のペースに合わせたコースが選べる。フラダンスやウクレレといった、ハワイらしさを味わえるものを始め、学校が開催するアクティビティも豊富。

かかる費用は？ （入学金＋授業料）

1週間	420ドル～	入学／登校 毎週月・火曜日
48週間	10,205ドル～	

《宿泊》ホームステイ 他

《食事》朝夕2食

《現地サポート》有

http://www.eastman-w.com/hawaiistudy/english/iie/
問：イーストマンハワイ IIE日本事務局 TEL：03-5799-9920

Kapi'olani Community College

大学留学	8カ月

ホテルや旅行会社での就職を目指すならココ！

ハワイ大学群の2年制大学のなかで、最大規模を誇り9,000名以上の学生が学んでいるカピオラニコミュニティカレッジは、ワイキキビーチから徒歩数分のダイヤモンドヘッド岬のそばにキャンパスがある。ここは「ダイヤモンドヘッドの宝石」と呼ばれ、壮大なサボテン公園、みずみずしい自然、美しい建物など環境に恵まれている。大学への入学には、一定の英語力（TOEFL iBT61以上）が必要になるが、英語力に不安がある場合は、付属の英語集中コースからスタートすることも可能だ。学べる専攻は、マーケティング、会計、マッサージセラピー、英語教授法など多岐にわたる。なかでも観光産業が盛んなハワイは、旅行学、ホスピタリティを学ぶのに最適な環境で、日本人にも人気の専攻となっている。

2年間英語漬けの少人数制が魅力

また、クラスは少人数制をとっているため比較的授業についていきやすいのも日本人にとっては魅力的だ。準学士取得には通常2年かかるが、コースによっては1年前後で終了証がもらえる「サーティフィケートコース」も用意されている。

かかる費用は？ (授業料)

8カ月	8,760USドル	入学／登校 1、8月

《宿泊》ホームステイ他

《食事》朝夕2食

《現地サポート》有

http://www.ryugaku.co.jp

問：留学ジャーナル 0120-890-987

Free Bird Institute

語学留学	1 週間〜

南太平洋でのんびり英語を学ぼう

欧米諸国へと旅立つ他のプランに比べて、安価な費用（3 カ月で 251,000 円〜）で語学留学が可能なプログラム。高額な留学費用に二の足を踏んでいる人がいるならば、こちらを検討してみるのはどうだろう。初心者向けからビジネスレベルまで、7 つのクラスに分かれているため、自分の語学レベルに合わせた授業が受けられる。レベルアップの段階に合わせてクラスも上がっていくため、マイペースに頑張りたい人にとってはうってつけだ。また、オプションで TOEIC 対策講座も開講されており、在校中に TOEIC テストも受験できる。勉強の合間には離島クルーズなど、南の島らしいアクティビティで心身をリフレッシュしよう。

語学学習者の気持ちを理解してくれる人たち

母語であるフィジー語、ヒンドゥー語に加え、幼少期から英語学習をしているフィジーの人たち。「ネイティブでない人が英語を学習する」ということをよく理解しているため、ゆっくり話してくれるなど、英語を学ぶ日本人の気持ちをよく理解してくれている点が特徴だ。また、フィジー人はとてもフレンドリーで、気軽に話しかけてくれるので、英会話の機会が多い。

かかる費用は？

1 週間	46,750 円
48 週間	854,000 円

入学／登校
随時受付

《宿泊》
ホームステイ
他

《食事》
平日 2 食
土日 3 食

《現地サポート》
有

http://www.southpacificfreebird.co.jp/
問：South Pacific Free Bird　0120-559-221

フィリピン／セブ島

Cebu Pacific International Language School

語学留学	8日間〜

世界有数のリゾート地で多様な英語学習

自然豊かな環境のなか、最高でも学生8人の少人数クラスで英語のレッスンが受けられる。学校はフィリピンの教育庁に正式に登録された教育機関で、公式のTOEICテストを毎月実施している。さらに無料クラスや地元大学生との交流など、本人のやる気しだいで1日8〜9時間もの英語環境を作り出すことが可能。フィリピン人のアドバイザーも1:1で担当し、助言や相談に乗ってもらえる。

かかる費用は？

8日間	149,000円〜	出発 設定日ごと
21日間	234,000円〜	

《宿泊》学校寮
《食事》朝昼夕3食
《現地サポート》有

http://his-j.com/study
問：H.I.S. 語学研修デスク TEL：03-5360-4600

マルタ／セントジュリアン

EC Malta

語学留学	10日間〜

地中海の楽園マルタ島でリゾート気分

アフリカとヨーロッパ大陸の狭間に位置する、地中海のオアシスといわれるマルタ島。国民の誰もが英語を話し、日本よりもヨーロッパからの留学生が多いこの地は、英語教育のクオリティが高い。マルタ最大級の語学学校は最新鋭の設備があり、別料金で学校寮への変更やダイビングライセンスの取得も可能。ビーチまで徒歩圏内で、サマーシーズンには5ツ星ホテルのリゾートが利用できる。

かかる費用は？

10日間	197,000円〜	出発 設定日ごと
31日間	326,000円〜	

※「週20レッスン」の場合
※シーズンによって変動有

《宿泊》ホームステイ（寝室相部屋）
《食事》朝夕2食
《現地サポート》有

http://www.his-j.com/study
問：H.I.S. 語学研修デスク TEL：03-5360-4600

自分に厳しく、集中的に、ガッツリ勉強！

スパルタ英語で短期集中！（フィリピンは格安で人気！）

TOEIC や TOEFL の強化をはじめ、厳しめの環境でみっちり英語を学ぶプラン7。1カ月の有給休暇で英語を習得し、帰国して周囲がビックリ、なんてサプライズを演出しよう。

カナダ／バンクーバー

Able English Studies

TOEIC強化 | 15日間～

9～17時の密着型プラン

日本語で勉強するTOEICの専門学校。日本での英語教育暦20年以上、SFUで言語学の学位を取得した西浦美枝子校長の「分からないことをクリアーにする」という考えのもと、開校された。校長自らが責任を持って文法知識、TOEICスコア向上のための指導に当たっている。

かかる費用は？

15日間	※詳細はお問い合わせ下さい。	出発 設定日ごと
29日間		

《宿泊》ホームステイ　《食事》朝昼夕3食　《現地サポート》有

http://his-j.com/study
問：H.I.S. 語学研修デスク TEL：03-5360-4600

マレーシア／クアラルンプール

The Language House

英語強化 | 4週間～

週/25時間のレッスン数 日本人は全体の3%以下

クアラルンプール郊外のダマンサラジャヤにある外資系企業や大学が多い落ち着いた環境。さらに周辺は中近東や中国・韓国などからの留学生が大多数を占める治安のよい地域で、週25時間のレッスンに専念できる。宿泊は同性同士5名で泊まり、インターネット等共益費もシェア。

かかる費用は？

4週間	97,000円	入学／登校 定められた入学日
12週間	236,000円	

《宿泊》アパートシェア　《食事》無　《現地サポート》無

http://www.global-study.jp/program/studyabroad/malaysia/001.html
問：グローバルスタディ海外留学センター 0120-39-5057

Cebu International Academy (CIA)

英語強化 | 1週間～

最大10時間のコースで英語をみっちりと学ぶ

フィリピン屈指のリゾート地として有名なセブ島。その中心部に位置するセブシティに立地するのが「Cebu International Academy」だ。その一番の特徴は、多彩なコース編成にある。コース選択が自由となっているため、目的に沿ったコースを選択することが可能だ。なかでも1レッスン60分の「セミスパルタコース」は、一日を通して10時間実施しており、誰でも英語漬けになれる環境が整う。

かかる費用は？

1週間	33,000円
24週間	600,000円

入学／登校 毎週月曜日

《宿泊》学生寮

《食事》朝昼夕3食

《現地サポート》有

http://ph.with-ryugaku.com/cebu_school/cia/
問：With留学サポートデスク TEL：098-851-3861

American Language Teaching Academy(ALTA)

英語強化 | 1週間～

日本人が多いので安心 1日6時間

セブ島には珍しく、日本人学生がほとんどを占める学校は、リゾート施設のような南国情緒たっぷり。スイス人シェフによる料理には定評があり、日本食も提供される。アットホームな雰囲気の中で、楽しみながらじっくりと英語を学ぶことができる環境だ。1日6時間のレッスンのうち2時間がマンツーマンに割かれており、同料金で1日4時間マンツーマンレッスンのみのコースを選択することもできる。

かかる費用は？

1週間	84,000円～
24週間	651,000円～

入学／登校 毎週月曜日

《宿泊》寮他

《食事》朝昼夕3食

《現地サポート》無

http://www.global-study.jp/gashuku/school_alta.html
問：グローバルスタディ海外留学センター 0120-39-5057

フィリピン／マクタン島

CELI

英語強化	1週間〜

ビジネス英語もカバー 多国籍の学生が在籍する

数あるコースのなかでも、Advanced English コースが魅力のひとつ。これは、ビジネス英語を学ぶことができる上級者向けのコースだが、自由な時間割を作ることができるため、学習目的に適した語学力向上が見込まれる。授業もマンツーマン授業から、8人クラスまでさまざま。授業以外にも、スピーチコンテスト、クイズ大会などイベントも充実しており、講師や友人と楽しく英語を学ぶことが可能だ。

かかる費用は？

1週間	45,000円
24週間	639,000円

入学／登校 随時受付

《宿泊》学生寮

《食事》朝昼夕 3食

《現地サポート》有

http://www.philippine-r.com/celi01.htm
問：フィリピン留学ドットコム 0120-963-815

フィリピン／ダバオ

Seattle

TOEFL ibt 強化	1週間〜

1日7時間 1週間で3万円は安い！

TOEFL 専門学校として国から認可されている場で、みっちりと英語漬け。定員が70人と比較的小規模なうえ、マンツーマン指導、少人数でのグループ講義と手厚い体制のもとで授業を受けられるため、アットホームな雰囲気のなかで学ぶことができる。1人部屋でも1週間28,750円（授業料、宿泊費、食費込み）は、かなりお得度の高いプログラムだ。ちなみに、「ESL（一般英語）」「TOEIC」コースも用意されている。

かかる費用は？

1週間	28,750円
24週間	670,000円

入学／登校 随時受付

《宿泊》寮

《食事》朝昼夕 3食

《現地サポート》無

http://www.ryugaku-news.jp
問：留学ニュース TEL：050-5806-7066

APC/WCC

トータル強化 ｜ 4 週間～

4 年生大学の APC と語学専門の WCC

フィリピンの企業 IBM と SM が 1991 年に「ASIA PACIFIC COLLEGE」を設立し、現在の 4 年制の大学へと発展した APC。一方 WCC は、前身の APC 付属の ESL センターが 2011 年の 4 月に「World City College」との提携により、オンキャンパス ESL センター（大学の語学学校）として生まれ変わった。マニラ空港から車で 30 分というロケーションに立地し、その学生収容人数は 80 名におよぶ。

7 時から 21 時半までみっちり学習 !!

この学校の特徴は 7 時から 21 時半までとことん英語を学べる授業だ。レベルはビギナーからアドバンスまで 6 つのコースが用意されている。ビギナー段階では基礎単語の理解からはじまり、レストランでメニューをみて注文ができるようになるなどの、基本的な生活英語能力を養う。アドバンスでは、ビジネス文書でも無理なく対応できるレベルなど、生徒の能力にあわせて受講することが可能だ。

勉強に集中できるキャンパスが自慢

受講する内容によってさまざまな授業、たとえばマンツーマン、グループスタディ、2 名から 5 名の少人数、TOEIC 対策などが用意され、会話力だけでなく、総合的な英語力を身につけることができる。苦手分野も短期間に集中して克服することが可能だ。食堂、自習室という基本的な施設はもちろん、カフェテリア、ロッククライミング、ジム、スキンケア、歯科クリニックなども完備。集中して語学を学ぶ環境が揃っている。

かかる費用は？

4 週間	115,000 円
24 週間	639,000 円

入学／登校 随時受付

《宿泊》学校寮

《食事》朝昼夕 3 食

《現地サポート》無

http://www.philippine-r.com/apc01.htm
問：フィリピン留学ドットコム 0120-963-815

趣味を仕事にできるかも？　その道のプロになるために！

専門スキルを身に付けて個性を磨く！

各種スペシャリスト、プロフェッショナルになれる留学プラン9。趣味をさらに極めたい人、手に職をつけたい人にとって魅力的なプログラムが揃う。ただ旅行するより、見聞を広められること確実！

アメリカ／ニューヨーク

Fashion Institute of Technology（FIT）

ファッション・アート　8カ月

カルバン・クラインを輩出した超名門校

1944年に創立されたニューヨークファッション工科大学は「FIT」の名で知られ、おもに美術やグラフィックなどの専攻を開講している。なかでも「ファッション分野」はアメリカでもトップレベル。デザインはもちろん、商品の買い付けや流通を学ぶコースも人気が高い。

かかる費用は？（授業料）

8カ月	12,417 USドル	入学／登校 1、8月

《宿泊》大学寮他　《食事》プランによる　《現地サポート》有

http://www.ryugaku.co.jp
問：留学ジャーナル 0120-890-987

イギリス／ロンドン

West London College

ファッションデザイン　1年間～

新たに開講されたファッションデザインコース

1987年創立の私立専門学校「West London College」。ビジネスやホスピタリティはもちろん、2007年からは「ファッションデザインコース」も開講している。ファッションの歴史などの基礎知識や生徒によるファッションショーなど実践的な授業も行われる。在籍者の約7割が留学生となっており、その国籍もさまざま。ロンドンの中心部に位置するインターナショナルなキャンパスが魅力だ。

かかる費用は？（授業料）

1年間	6,900UKポンド	入学／登校 1、9月

《宿泊》ホームステイ他　《食事》朝夕2食　《現地サポート》有

http://www.ryugaku.co.jp
問：留学ジャーナル 0120-890-987

アメリカ／カリフォルニア

Make-Up Designory (MUD)

ヘアメイクアーティスト	12 週間〜

ヘアメイクを総合的に学ぶ

ロサンゼルス空港から 45 分の場所に位置する専門学校で、ヘアメイクアーティストとして必要なスキルを学ぶプログラム。クリエイティブで印象的なヘアスタイリングや、撮影する際に求められる凝ったスタイリングまで、実践的なスキルを身につける。さらに、実際にモデルを使ったトレーニングの機会もあり、就転職のキャリアアップに向けたポートフォリオも作成できる。

かかる費用は？

12 週間	11,209US ドル	入学／登校 毎月 1 回
24 週間	21,839US ドル	

《宿泊》ホームステイ　《食事》朝夕 2 食　《現地サポート》有

http://www.edujapan.jp/ryugaku-programs/pro-meiku-maikup-08-20.html
問：EDU*Japan（海外教育研究所）TEL：03-6402-9339

アメリカ／ロサンゼルス

Cinema Makeup School

メイク・特殊造形	1 週間〜

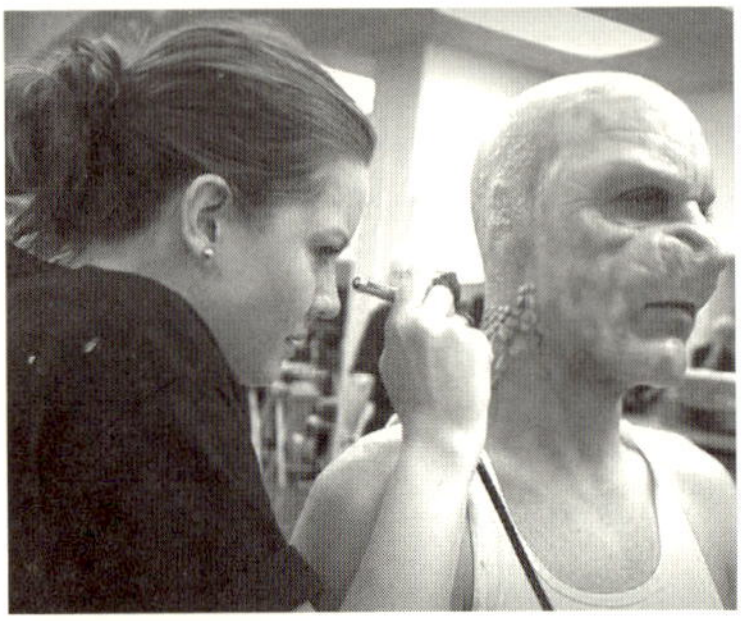

エンタメ界でプロになりたい人に

エンターテインメント産業の中心、カリフォルニアのロサンゼルスにある国際的なメイクアップ・スクール。特殊メイク効果やメイクアップ・トレーニングをはじめ、プロのアーティストになるための実践的な授業が用意されている。講義より実習が中心で、最終週にはフォトセッションも行う。在校中に実際の現場で働く機会も多数あり、貴重な映画産業での経験を積んで将来に活かすことができる。

かかる費用は？

1 週間	1,000 ドル	入学／登校 定められた入学日
18 週間	15,875 ドル	

《宿泊》ホテル レジデンス　《食事》無　《現地サポート》無

http://www.ablestudy.com/mokutekibetu_syousai/senmon/senmon_042.htm
問：エイブルスタディ　TEL：03-3320-4456

KAIRALI INSTITUTE OF PANCHAKARMA THERAPIES

インド医学 | 3日間〜

予防健康医学のアーユルヴェーダ

Kairali Group が運営する「KAIRALI INSTITUTE OF PANCHAKARMA THERAPIES」で、世界3大医学のひとつ「アーユルヴェーダ」を学ぶ研修プログラム。5000年もまえから続く、伝承医療のアーユルヴェーダのおもな目的は、「疲労回復」だ。人間の「肉体・精神・魂」の調和をはかることで健康を取り戻すという考えに基づく、WHOも認める「予防健康医学」である。

初心者からプロまで多彩なコースを用意

英語力に自信のない人でも気楽に受講できるトリートメントに集中した「短期コース」と、アーユルヴェーダの歴史や基本的な考え方、体質別食事法はもちろん、具体的な診察法、日常生活における実践、トリートメント法などの施術もおこなう総合的な「実践プログラム」がある。資格をもったアーユルヴェーダ医師とマンツーマンで行うコースで、受講期間は柔軟に対応してもらえる。修了者には修了証が授与される。

アーユルヴェーダの本場で研修が可能

研修コースはニューデリーの診療所も兼ねる研修センターとケララ州パラッカの保養施設（ヘルスリゾート）で開講されており、アーユルヴェーダが医術として確立されている本場インドでの治療現場を間近にみることができるのも魅力のひとつだ。近年、日本の大学の医学部をはじめとして、多くの教育・研究機関に設置され、注目されつつある。そんなアーユルヴェーダの本場でトレーニングを積むことが可能だ。

かかる費用は？ （ニューデリーの場合）

3日間	86,000円
2週間	280,000円

入学／登校
随時受付

《宿泊》ホテル

《食事》朝食付

《現地サポート》無

http://www.gp21.co.jp/school/programs/ayurveda/about.html
問：グローバルパートナーズ留学サポートセンター（ナマステジャパン）TEL：03-5325-6406

インド／プネ

SCIT

IT コンサルタント	2年間

IT コンサルタントのスキルを身につける

マネジメントスキルとIT スキルを兼ね備えたIT ビジネスマネジメントプロフェッショナルの育成を目的とし、マーケティングや事業開発、プロジェクト管理など、マネジメント幹部として活躍する専門家を目指す人のためのコース。MBA も取得可能だ。ソリューションやコンセプト販売上必要な知識の他、ソフトウェア工学・開発、IT インフラストラクチュア立案、ネットワークプロトコルテクノロジー等の技術スキルも習得できる。

かかる費用は？

2年間	3,200,000円	入学／登校 毎年6月

《宿泊》学生寮

《食事》朝昼夕3食

《現地サポート》有

http://www.softbridge.jp/individual_j2i/program_course05.html
問：ソフトブリッジソリューションズジャパン　TEL：03-5280-7818

ドイツ／各都市

各マイスターの店舗

マイスター	1週間～

ホームステイしながらパン職人体験

マイスター制度が残るドイツのパン屋さんで、実習を行うことができるおけいこ留学プログラム。体験から本格的な長期実習まで参加でき、パン作りの経験やスキルを習得可能。また、各人の語学力に合わせたパン屋さんを紹介してもらえるため、パン作りやドイツ語初心者でも気軽に参加することができる。パンが好きな人はもちろん、他人とは違う異文化体験をしたいという人におすすめ。

かかる費用は？

1週間	938ユーロ	入学／登校 毎週月曜日
4週間	1,941ユーロ	

《宿泊》ホームステイ他

《食事》朝昼夕3食

《現地サポート》有

http://www.edujapan.jp/ryugaku-programs_df20110623/pan-bread-sikaku-02-13.html
問：EDU*Japan（海外教育研究所）TEL：03-6402-9339

オーストラリア／ゴールドコースト

Australian Chalkart

チョークアート | 8日間／22日間

商業ポップアートの技法を学ぶ

ゴールドコースト生まれの商業ポップアート、チョークアートを第一線で活躍するアーティストから学ぶことができるプログラム。レッスン中は講師が丁寧に技術や表現を教えてくれる。また、単に技術や技法を教えるだけではなく、プログラム終了後のビジネス展開も視野に入れたレクチャーをしてくれるのが特徴的で、ビジネスとしてチョークアートに取り組みたいと考えている人に最適。

かかる費用は？

8日間	244,000円～	出発 設定日ごと
22日間	485,000円～	

《宿泊》ホームステイ　《食事》朝昼夕3食　《現地サポート》有

http://www.his-j.com/study
問：H.I.S. 語学研修デスク TEL：03-5360-4600

オーストラリア／ケアンズ

Kaplan International College, Cairns

語学＋ダイビング | 2週間～

語学＋スポーツ 国際ダイビング証書を取得

世界40都市以上にキャンパスがある語学学校。そのケアンズ校の特色はなんといってもダイビングだ。英語を学びながら、スキューバダイビングの資格を取得するコースが準備されており、修了後には「国際PADIオープンウォーター証書」が贈られる。ダイビング用品の使い方からはじまり、夜間のダイビングまで、スキューバダイビングに関して初心者でも一から勉強することが可能。

かかる費用は？（入学申請料、滞在手配料、週20レッスンの授業、ダイビング費用、ホームステイ費、空港出迎え費、海外送金手配料、研修手配費）

2週間	222,000円	入学／登校 毎週月曜日※
4週間	324,000円	

※但し月曜日が祝日の場合は翌日

《宿泊》ホームステイ他　《食事》朝昼夕3食　《現地サポート》有

http://www.ryugaku.co.jp
問：留学ジャーナル ☎0120-890-987

目指せ！　多言語を操るバイリンガル、トリリンガル！

世界各国の言語を学びスペシャリストに！

世界各国の言語が学べるプラン13。せっかく外国語を学ぶなら、やはりそれが公用語として使われている国に行きたい。現地の空気に触れれば、きっとバツグンに上達が早まるだろう。

フランス／リヨン

Alliance Francaise Lyon

フランス語　1週間～

週15時間の授業 レベルも豊富に用意

レベルは全部で19段階用意されており、入門と初級は会話からはじまり、基礎フランス語の集中講座をおこない、中級からはフランス語授業のほかにフランス文化や試験対策など応用力を伸ばす授業も実施。総合的にフランス語を学ぶことで、語学力アップが期待できる。

かかる費用は？

1週間	115.20ユーロ
1カ月	419.40ユーロ

入学／登校 毎週月曜日※

※入門レベルに限り月1回の指定日

《宿泊》ホームステイ

《食事》朝夕2食

《現地サポート》無

http://gloria-tours.jp/stage/personal/search/ariance.html

問：グロリアツアーズ・フランス留学センター　TEL：03-5641-1218

ドイツ／ベルリン

GLS Campus Berlin

ドイツ語　1週間～

大半がヨーロッパの学生 大都市で学ぶドイツ語

生徒のレベルに合ったきめ細やかな授業が特徴の「ゲーエルエス キャンパス ベルリン」。初心者から上級者まで7段階の授業が用意されており、なかでも一番力を入れているのが「発言力」。できるだけ多くの発言の場を与えることで、コミュニケーション能力を高めている。

かかる費用は？（入学申請料、滞在手配料、週20レッスンの授業料、ホームステイ費用、空港出迎え費用、海外送金手数料、研修手配費）

1週間	121,000円
8週間	434,000円

入学／登校 毎週月曜日※

※但し月曜日が祝日の場合は翌日

《宿泊》ホームステイ他

《食事》朝夕2食

《現地サポート》有

http://www.ryugaku.co.jp

問：留学ジャーナル　0120-890-987

イタリア／フィレンツェ

Centro Koine, Florence

イタリア語	8日間〜

芸術とともに イタリア語を学ぶ

ルネッサンス発祥の地、フィレンツェの歴史地区中心地にある学校で、イタリア文化に親しみながら語学を学ぶことができるコース。近くには大学や図書館があり、劇場・映画の講演などの情報リストが入ったバインダーが渡されるので、観光も楽しめる。一般イタリア語コースにはフィレンツェ市内で行われる歓迎会と市内散策の費用が含まれており、観光とイタリア語を学びたい人に最適なプログラム。

かかる費用は？

8日間	206,000円〜	出発 設定日ごと
29日間	328,000円〜	

《宿泊》ホームステイ　《食事》朝夕2食　《現地サポート》無

※週20時間コースの場合

http://www.his-j.com/study
問：H.I.S. 語学研修デスク TEL：03-5360-4600

スペイン／マドリッド

Enforex, Madrid

スペイン語	1週間〜

一般からビジネス・ インターンまでコース豊富

スペイン語人口は世界で2番目に多く、母国語としているのは3億5,000万人以上。ビジネスにおいても重要なスペイン語を、自分のレベルに応じたプログラムで学ぶことができる。校舎はマドリッドを含めて12都市にあり、複数都市を組み合わせての滞在も可能。また、ビジネススペイン語コースや、スペイン語＋フラメンコといったスペシャルで風変わりなコースもあり、楽しみながら語学を習得できるのが魅力だ。

かかる費用は？

1週間	404ユーロ〜	入学／登校 毎週月曜日
48週間	15,617ユーロ〜	

《宿泊》ホームステイ他　《食事》朝夕2食　《現地サポート》有

http://www.spain-ryugaku.jp/school2/enforex_madrid.html
問：スペイン留学代行センター TEL：03-3484-3388

メキシコ／メキシコシティ

International House Mexico City

スペイン語 | 8日間～

中南米で スペイン語を学ぶ

中南米屈指の文化都市メキシコシティで、スペイン語を学ぶコース。本国のスペイン語よりもゆっくり話されているといわれるため、授業中に分からないことがあっても気軽に質問しやすい。また、ラテン系のテンションも魅力。学校は市内でも人気の地区にあり、おしゃれなカフェやバーが数多く立ち並んでおり、グルメ・エンターテインメント・ショッピングも楽しめる環境になっている。

かかる費用は？

8日間	282,000円～	出発 設定日ごと
29日間	451,000円～	

《宿泊》ホームステイ他　《食事》朝夕2食　《現地サポート》有

http://www.his-j.com/study
問：H.I.S. 語学研修デスク TEL：03-5360-4600

ロシア／モスクワ

Moscow State University

ロシア語 | 2週間～

格調高く歴史もある ロシア最高学府

ロシア語学習経験が1年程度ある人が対象となる、短期留学プログラム。モスクワ大学は国立の総合大学。ロシア内でも最高レベルの高等教育機関で、1755年創設とその歴史も古い。城砦のような現在の校舎は、1953年に竣工した。付属のロシア語センターが受け入れ先となる。初級から上級までレベル別にクラスが用意され、4～7名の少人数でグループレッスンが基本。マンツーマンの授業を受けることもできる。

かかる費用は？

2週間	149,000円	入学／登校 随時受付
12週間	545,000円	

《宿泊》ホームステイ　《食事》朝食　《現地サポート》有

http://www.jic-web.co.jp/study/stay/s_MGU.html
問：ジェーアイシー旅行センター TEL：03-3355-7295

Liden & Denz, Moscow

ロシア語	2週間～

欧米からの留学生と切磋琢磨して学ぶ

外国人のためのロシア語専門学校。外国人のためのロシア語試験の検定機関として認められている、民間の学校だ。芸術の街・サンクトペテルブルグにも校舎があり、2都市間を組み合わせてのコース設定ができる。基本的には「グループコース（最大でも10人までの少人数制）」と「個人指導コース」の2つが用意されており、自分の語学力と意欲に合わせて選択できる。追加レッスンを受けることも可能。ヨーロッパ圏からの留学生が非常に多く、日本人の割合は2%ほど。本気でロシア語を習得したい人にとっては、最適の環境といえるだろう。美術館などを市内観光するエクスカーション（団体小旅行）に参加することもでき、課外でもロシアという国について学ぶことができる。

宿泊形態もいろいろ個人アパートも可

ホームステイの他、共同アパートや個人アパートといった宿泊形態もある。アパートに暮らして自由に街に出るもよし、ホストファミリーの元で、ロシアの文化を肌で感じるのもよし。自分の希望に沿ったものがあるか、まずは問い合わせてみよう。

かかる費用は？

2週間	560ユーロ～
24週間～	240ユーロ／週

入学／登校 随時受付

《宿泊》ホームステイ他

《食事》朝夕2食

《現地サポート》無

http://www.jic-web.co.jp/study/stay/liden.html
問：ジェーアイシー旅行センター TEL：03-3355-7295

台湾／台北

中国文化大学

中国語	２週間～

２つのレッスンで中国語を学ぶ

台湾で効率よく語学力を向上させられるプログラム。グループレッスンでは他の生徒と会話や意見交換をし、プライベートレッスンでは苦手な分野を集中的に学ぶことが可能なので、非常に高い学習効果が期待できる。とくにプライベートレッスンは、相談のうえカリキュラムを決められ、中国語経験のまったくない初心者からビジネスの場面で中国語を活用したいと考える上級者まで幅広く対応している。

かかる費用は？

２週間	156,000 円
４週間	246,000 円

入学／登校 毎月１回

《宿泊》ホームステイ　《食事》無　《現地サポート》有

http://www.navix.jp/gc/language/Lan55.htm
問：ナビックス　0120-934-943

中国／上海

復旦大学

中国語	２週間～

中国の名門大学でしっかり語学留学

1905 年に創立された、優秀な教員が多いと評判の大学で中国語を学ぶ。中国で初めて外国人留学生を受け入れた大学でもあるため、留学生のニーズに対応した専門機関として国際文化交流学院も開設している。中国語を活かした職業に就くためにしっかり語学力を身につけたい人や、将来的に中国の本科生（現地の大学生と同じカリキュラムを学び学位が授与される）を目指す人におすすめ。

かかる費用は？（授業料）

２週間	2,900 元
１年間	21,000 元

入学／登校 2,3,7,8,9 月

《宿泊》留学生寮他　《食事》無　《現地サポート》無

http://www.hao-net.com/abroad.htm
問：ハオ中国語アカデミー TEL：03-5323-2240

中国／北京

北京大学

中国語 | 4週間〜

中国の「東京大学」に相当する超名門校

北京大学は1898年に中国初の国立総合大学として創設。魅力はアジアの大学のなかで最大規模を誇る図書館だ。その蔵書量は700万冊以上に及ぶ。世界約80カ国に及ぶ留学生が在籍する国際色豊かなキャンパスには、現在約4,000名の留学生が学んでいる。なかでも、外国人短期研修クラスは人気が高い。漢言語文学、歴史文化、哲学伝統文化などが開設されており、中国4000年の歴史を肌で感じ、学ぶことができる。

かかる費用は？ (授業料)

4週間	4,200元
1年間	27,200元

入学／登校 2,3,7,8,9月

《宿泊》留学生寮他　《食事》無　《現地サポート》無

http://www.hao-net.com/abroad.htm
問：ハオ中国語アカデミー TEL：03-5323-2240

韓国／ソウル

慶煕大学

韓国語 | 8日間〜

近くで手軽に韓国語留学

幼稚園から大学院までの総合教育体系を整えた、韓国を代表する名門私立校で韓国語を学ぶ。正規過程（長期コース）では「話す」「聞く」「読む」「書く」の4技能を総合的に学び、ひとつのクラスに担任教師が2名つく。さらに、上級レベルでは歌や映画を教材にした実用的な学習が提供される。キャンパス内は緑が豊かですがすがしく、学生のボランティアが勉強や生活面で面倒をみてくれるので安心。

かかる費用は？

3週間	941,000ウォン
10週間	1,480,000ウォン

入学／登校 4,6,10,12月

《宿泊》下宿他　《食事》朝夕2食　《現地サポート》有

http://kor.with-ryugaku.com/school/kyung/
問：With留学サポートデスク TEL：098-851-3861

ソウル大学校

韓国語	３週間～

東京大学に相当する韓国の国立大学

1946年に韓国で最初の国立総合大学として設立された「ソウル大学校」。63年には韓国語課程が開設され、正規課程は春夏秋冬の年４回にわたって開講されている。授業は毎週月曜から金曜までの５日間、１日４時間の授業だ。特徴はそのプログラムにある。生徒の韓国語レベルにあわせて１級から６級、さらに６級を終了した者には研究クラスまで用意されており、質の高い教師陣から徹底した韓国語を学ぶことができる。

かかる費用は？（授業料のみ）

３週間	650,000ウォン
３カ月	1,500,000ウォン

入学／登校 3,6,9,12月

《宿泊》下宿他

《食事》朝夕２食

《現地サポート》有

http://kor.with-ryugaku.com/school/seoul/
問：With留学サポートデスク TEL：098-851-3861

アイルランド／ダブリン

Centre of English Studies , Dublin

英語	２週間～

日本人の割合が少なくどっぷり英語漬け

日本人の割合が平均3%と低く、ヨーロッパ圏内からやって来る学生が多数を占める。コミュニケーションスキルの上達に力を入れており、生活やビジネスにおいて有効な“生きた”英語の習得を目指す。いくつかのコースが用意されているほか、ダブリン校とイギリスのキャンパスでの授業を組み合わせて受講する「長期２都市コース」は、24週間または36週間の授業で、長期割引がきく（24週間4,054ユーロ）。

かかる費用は？

２週間	899ユーロ～
24週間～	8,513ユーロ～

入学／登校 毎週月曜日

《宿泊》ホームステイ他

《食事》平日２食 土日３食

《現地サポート》無

http://www.ryugaku.net/
問：留学タイムズ TEL：03-5360-8911

探せば変わりダネもある！ ちょっと違った渡航プラン

その他

渡航の目的は人それぞれ。「留学」とは少し違うかもしれないが、ボランティアやインターンシップというものもある。例として 3 つのプランを紹介。自分のしたいことを探す意味でも、いろいろ見てみるのがいい。

インド／コルカタ

マザーテレサの施設

ボランティア　11 日間

マザーテレサの施設で働く

無償の愛を貧しい人々に捧げたマザーテレサの意志を受け継ぐ施設にて、親のいない子ども達やハンディを持った子ども達、危篤状態や怪我をした方々のケアをするボランティアプログラム。日本語が堪能な現地スタッフの手厚いサポートが受けられるため、不安なくボランティア活動に精を出すことができる。

かかる費用は？

11 日間	212,000 円	入学／登校 定められた出発日

《宿泊》ホームステイ　《食事》朝 9 回 昼 4 回 夕 2 回※　《現地サポート》有

※ 11 日間の食事内容になります。

http://his-j.com/tyo/volunteer/vo/vol-del.html
問：H.I.S. ボランティア＆スタディツアーデスク TEL：03-5360-4810

オーストラリア / ブリスベン

International College of Queensland Australia

ボランティア　2 週間〜

語学＋ボランティア 見聞を広めるプログラム

チャイルドケア、日本語教師アシスタント、養護学校、シニアケア、アニマルケアの全 5 種類のボランティアがあり、メインコースは語学学校で英語を 1 週間学んだあと、各種希望のボランティアに 1 〜 8 週間従事するプログラムとなっている。語学学校は月曜から金曜までの週 5 日に渡って、9 時から 15 時 15 分まで聞き取り、発音、作文、復習テストなどの授業が用意されている。

かかる費用は？（入学申請料、滞在手配料、週 20 レッスンの授業料、チャイルドケア手配費、ホームステイ費、空港出迎え費、海外送金手数料、研修費）

2 週間	224,000 円	入学／登校 毎週月曜日※
8 週間	361,000 円	

《宿泊》ホームステイ　《食事》朝昼夕 3 食　《現地サポート》有

※但し月曜日が祝日の場合は翌日

http://www.ryugaku.co.jp
問：留学ジャーナル ☎0120-890-987

大手家電販売会社

家電店に就労 | 1年間

石油王国クウェートで本格労働

世界有数の石油埋蔵量がある国・クウェートで、大手家電販売会社が提供する高待遇の有給ビジネスインターンシップ。約100,000円/月の給与に加え、滞在先も完備。大学卒業資格、TOEIC650点程度の語学力、基本的なPCスキル、そしてやる気と熱意が旺盛であれば、年齢・性別を問わずで誰もにチャンスがある。さらに、インターン終了後には現地で社員登用される可能性もある。

かかる費用は？

※海外旅行損害保険と航空券のみ負担

プログラム参加費は無料※

インターン随時受付

《宿泊》アパート

《食事》無

《現地サポート》有

http://www.coi-japan.com/
問：COI　TEL：03-5297-7833

各問い合わせ先リスト

COI	03-5297-7833
EDU * Japan（海外教育研究所）	03-6402-9339
H.I.S. ボランティア&スタディツアーデスク	03-5360-4810
H.I.S. 語学研修デスク	03-5360-4600
South Pacific Free Bird（フィジー留学）	0120-559-221
With 留学サポートデスク	098-851-3861
イーストマンハワイ　IIE 日本事務局	03-5799-9920
エイブルスタディ	03-3320-4456
グローバルスタディ海外留学センター	0120-39-5057
グローバルパートナーズ留学サポートセンター	03-5325-6406
グロリアツアーズ・フランス留学センター	03-5641-1218
ジェーアイシー旅行センター	03-3355-7295
スペイン留学代行センター	03-3484-3388
ソフトブリッジソリューションズジャパン	03-5280-7818
ナビックス	0120-934-943
ハオ中国語アカデミー	03-5323-2240
フィリピン留学ドットコム	0120-963-815
留学ジャーナル	0120-890-987
留学タイムズ	03-5360-8911
留学ニュース	050-5806-7066

[著者プロフィール]

高城 剛（たかしろ つよし）

1964年葛飾区柴又生まれ。

日大芸術学部在学中に「東京国際ビデオビエンナーレ」グランプリ受賞後、
メディアを超えて横断的に活動。

著書に『「ひきこもり国家」日本』（宝島社）、『オーガニック革命』（集英社）、

『私の名前は高城剛。住所不定、職業不明。』（マガジンハウス）などがある。

自身も数多くのメディアに登場し、NIKE、NTT、パナソニック、プレイステーション、
ヴァージン・アトランティックなどの広告に出演。

総務省情報通信審議会専門委員など公職歴任。

2008年より、拠点を欧州へ移し活動。

現在、コミュニケーション戦略と次世代テクノロジーを専門に、
創造産業全般にわたって活躍。

ファッションTVシニア・クリエイティブ・ディレクターも務めている。

現在メールマガジン『高城未来研究所』を発信中。

モノを捨てよ世界へ出よう

2012年2月6日　第1刷発行

著　者　高城 剛

発行人　蓮見清一
発行所　株式会社宝島社
〒102-8388　東京都千代田区一番町25番地
営業 03-3234-4621　編集 03-3239-0253
http://tkj.jp
郵便振替　00170-1-170829　(株)宝島社

印刷製本　サンケイ総合印刷株式会社

Printed in Japan
ISBN 978-4-7966-8994-6